Menor que o Mundo

Menor que o Mundo

Cia. Cênica Nau de Ícaros

Dramaturgia
Leonardo Moreira

SESI-SP editora

SESI-SP EDITORA

Conselho Editorial
Paulo Skaf (Presidente)
Walter Vicioni Gonçalves
Débora Cypriano Botelho
Neusa Mariani

Teatro Popular do **SESI**

Comissão editorial
Celio Jorge Deffendi (Diretor DDC)
Débora Pinto Alves Viana
Álvaro Alves Filho
Alexandra Salomão Miamoto

© SESI-SP Editora, 2012

Editor
Rodrigo de Faria e Silva

Editora assistente
Juliana Farias

Revisão
Camilla Bazzoni de Medeiros
Mariana Góis

Produção gráfica
Paula Loreto

Projeto gráfico original
Negrito Produção Editorial

Diagramação e capa
Valquíria Palma

Serviço Social da Indústria (São Paulo)
  Menor que o mundo: Nau de Ícaros / Serviço Social da Indústria (São Paulo) - São Paulo : SESI-SP editora, 2012. (Teatro Popular do SESI)
  176 p. il.

  ISBN 978-85-65025-90-4

  1. Teatro 2. Andrade, Carlos Drummond de 3. Nau de Ícaros I. Título

CDD – 792

Índices para catálogo sistemático:
1. Teatro: Apresentação teatral
2. Andrade, Carlos Drummond de: Literatura brasileira
3. Nau de Ícaros: Companhia teatral

Bibliotecárias responsáveis: Elisângela Soares CRB 8/6565
Josilma Gonçalves Amato CRB 8/8122

SUMÁRIO

Passado e presente — 13

Menor que o mundo — 17
Igual ao mundo — 17
Maior que o mundo — 18

Por trás do mundo — 21
O Desafio — 23
Desvendando o vasto mundo de Drummond — 25
Esboçando figuras — 29
Criando trajetórias e aprimorando a palavra — 40
Exercício de criação de trajetórias — 42
Exercício sete níveis de tensão — 44
Esboçando dramaturgia — 49
Definindo dramaturgia — 54
Traçando a reta final e... estreando! — 58

O cenário de Marisa Bentivegna	59
A iluminação de Wagner Freire	60
Os figurinos de Chris Aizner	61
O visagismo de Leopoldo Pacheco	62
Equipe	64

Palavra do dramaturgo — **69**

Menor que o Mundo — **75**
I. A cidade minúscula	77
II. O Sorveteiro	97
III. As Duas Irmãs	105
IV. Os Dois Soldados	118
V. A cidade livre	125
VI. O Carteiro	127

VII. A Noiva no Ar 130
VIII. A Festa 133
IX. A Noiva no Ar 137

Ficha Técnica **141**

Agradecimentos **143**

A **Cia. Cênica Nau de Ícaros** nasceu de uma paixão, nasceu apaixonada. Somos um grupo de atores, autores, produtores, professores, pesquisadores, bailarinos, músicos, acrobatas, filhos da cultura brasileira, apaixonados por esse país cheio de cores, ritmos, formas, detalhes e contradições. Somos a união disso tudo, uma mistura que se transforma em um corpo, individualidades que trabalham juntas. Um corpo que se move, se mexe e constrói pela simples paixão de criar, explorar, encantar, transcender, ir além.

Desde 1992, criamos e produzimos espetáculos que unem o conhecimento e a prática das técnicas circenses ao teatro e à dança. São quase vinte anos de um mergulho cultural, um trabalho com base em pesquisas dos diversos aspectos de nossa cultura popular e contemporânea, daquilo que é nosso. Até hoje, são 16 espetáculos produzidos e criados no Brasil e levados mundo afora. E o que a gente quer com isso tudo?

Queremos criar, explorar, gerar diálogo. Durante nossa trajetória, desenvolvemos um espaço de investigação e pesquisa que promove um intenso intercâmbio de linguagem. Queremos festejar, celebrar.

Através de nossas reflexões e pesquisas do universo circense e da cultura popular, revela-se um desejo de encontro com o público por meio da celebração, dos ritos e símbolos brasileiros...a festa.

Queremos transformar, mudar, educar.

Ao longo desses anos promovemos trabalhos de "encantamento" de professores através de aulas-espetáculo, oficide danças brasileiras, maracatu, cortejos circenses, compartilhamos nossos processos criativos. Queremos ir além. E lançar um olhar contemporâneo para a cultura popular brasileira. Queremos democratizar. Queremos levar o Brasil para o Brasil e o Brasil para o mundo.

E queremos mais. Queremos o risco, desafiar o convencional, libertar, conquistar, despertar, tirar os pés do chão. Queremos criar uma arte sustentável, do começo ao fim, da ideia original ao que fica, ali, no olhar e na delicadeza de quem assiste, de quem apreende. Queremos aprender, tocar e ser tocados. Queremos a troca. A nossa história aponta para um futuro de inúmeras possibilidades.

Passado e presente

Tudo começou em 1992, com um sonho. Um grão de areia, uma semente que plantamos lá atrás. Logo no ano da nossa fundação no Circo Escola Picadeiro, ainda alunos do Acrobático Fratelli, criamos o espetáculo **Nau de Ícaros**, para nós, um marco. Foi o pontapé que inaugurou um grupo de pesquisa de linguagem que vem ao longo desses anos desenvolvendo um trabalho autêntico. Formamos um time, nosso corpo. Cada indivíduo participando ativamente do todo. Nos anos seguintes, criamos, produzimos e viajamos com inúmeros outros espetáculos e projetos. O espetáculo **O Pallácio não Acorda**, lançado em 1996, rendeu muitas indicações a prêmios, dos quais ganhamos nove.

Nesse mesmo ano criamos o Galpão Nau de Ícaros, um espaço de investigação e pesquisa que pôde promover um intenso intercâmbio de linguagem com diversos artistas, grupos, diretores e, claro, com o respeitável público. Uma porta de entrada para poder desenvolver o que um dia sonhamos. Como resultado, a companhia tornou-se uma referência importante dentro do segmento artístico. Ao longo desses anos, o galpão nos permitiu influenciar e sermos influenciados por diversos artistas. E, dessas parcerias, nasceram novos projetos e espetáculos que consagraram a identidade do grupo.

Nesses últimos anos, criamos e produzimos, por meio de prêmios, editais, patrocinadores, com muito compromisso com o nosso sonho. Hoje, temos um repertório ativo de espetáculos:

El Gran Circo Carnaval, espetáculo vertical e itinerante; **Cidade dos Sonhos e Os Artistas**, para rua e palco; **De um Lugar para o Outro**, dança, circo e cultura popular e **Tirando os Pés do Chão,** escolhido pelos leitores do Guia da Folha como a melhor estreia em dança de 2010.

Além disso, em 2006, criamos o **Arte Cidadã** em parceria com a Via Gutenberg, um programa de cultura e educação. Percorremos sete Estados do Brasil, onde compartilhamos nossos processos criativos para gerar encantamento aos professores da rede pública de ensino, possibilitando o contato com novas ferramentas criativas e reflexão através da arte.

A nossa história continua e nunca fica para trás. Ela caminha sempre com a gente. Porque aquele sonho que começou lá atrás continua vivo, sonhamos juntos e com a chama acesa, iluminando um caminho repleto de possibilidades. Suba no palco com a gente e se deixe sonhar.

Mais informações:

http://www.artecidada.com.br

http://www.naudeicaros.com.br

http://www.facebook.com/naudeicaros

Menor que o mundo

A Cia. Cênica Nau de Ícaros completa 20 anos de existência em 2012. É ano de festa! E para começar, aceitamos um grande desafio: criar um espetáculo para comemorar os 110 anos de Carlos Drummond de Andrade, a convite do Sesi-SP.

Igual ao mundo

Vinte anos de história. Uma trajetória de sonhos, conquistas e realizações. Nosso trabalho se caracteriza pela interseção de diferentes linguagens artísticas em busca de uma identidade única, sempre com total interação e diálogo com o público. São anos de pesquisas e reflexões para criar espetáculos que proponham um olhar contemporâneo sobre a cultura popular brasileira. Afinal, somos brasileiros, apaixonados pelo nosso país e pela imensidão cultural que ele nos proporciona. Queremos mostrar ao mundo o que é nosso, valorizar as raízes, histórias, mitos e festas para aproximar o espectador desses elementos da nossa cultura, muitas vezes tão distantes dos centros urbanos.

Hoje, a Nau de Ícaros é reconhecida no Brasil e em diversos outros países pelo seu trabalho artístico e por projetos de expansão que envolvem cultura e educação.

Maior que o mundo

Um desafio inspirado no universo de Drummond: transpor poesia para o palco, fazer da síntese teatro; uma tarefa muito maior que o mundo. Convidamos o jovem dramaturgo e diretor mineiro Leonardo Moreira para nos guiar e juntos montarmos uma equipe capaz de cumprir essa aventura. Com a inteligência e a delicadeza dos experientes mestres ele nos conduziu até aqui.

Agora, que soprem os ventos e cantem os cata-ventos, pois inspirados no poeta temos cordas e uma linda história para seguir em festa por mais 20 anos!

Bons ventos a todos nós!

MARCO VETTORE
Diretor Cia. Cênica Nau de Ícaros

Por trás do mundo

Processo de criação do espetáculo *Menor que o Mundo*
da Cia. Cênica Nau de Ícaros
por Luiza Torres

O Desafio

Depois de navegar 20 anos por diversos mares, autores e linguagens, eis que a Cia. Cênica Nau de Ícaros é convidada a aportar e mergulhar no vasto mundo de um dos maiores representantes da poesia nacional: **Carlos Drummond de Andrade**. Estava posto o desafio, a convite do Sesi-SP: celebrar e comemorar os 110 anos desse mineiro que tanto soube dizer sobre nossa gente e transportar suas poesias do papel para o palco.

Para essa árdua tarefa de encontro com a palavra, outro mineiro foi convidado a embarcar nessa missão: **Leonardo Moreira**. O jovem diretor e dramaturgo aceitou o convite para guiar os "nauvegantes" e desse encontro nasceu uma rica combinação. De um lado, um grupo de teatro que literalmente tira os pés do chão e oferece, utilizando todas as dimensões espaciais, as mais vastas possibilidades cênicas que um diretor pode desejar; de outro, um diretor/dramaturgo que trata a palavra com primor e que daria "voz" a esses intérpretes, acostumados ao longo dessas duas décadas a criar e a se expressar muito mais por meio do corpo, movimento e imagem do que pela palavra falada.

Este escrito pretende relatar esse feliz encontro e o que dele resultou. Mapear e descrever o processo de experimentações dramatúrgicas, interpretativas e cênicas ocorridas ao longo de dois meses de ensaios até o dia oficial da estreia do espetáculo, dia 3 de abril de 2012. O processo foi dividido em seis fases, desde o momento inicial de levantamento de material até afinação e lapidação precedente à estreia.

Desvendando o vasto mundo de Drummond

1ª Fase: 23/01/12 a 30/01/12

A Nau de Ícaros estava pronta para mais uma empreitada. Mas em todo início de processo vem a pergunta: por onde começar? Qual o primeiro passo para desvendar a obra de Drummond?

A questão foi respondida pelo diretor Leonardo Moreira, que propôs a todos um mergulho em uma obra específica do poeta, o seu livro de estreia *Alguma Poesia*. Com poemas escritos entre 1923 e 1930, ano de sua publicação, a obra fez parte da consolidação do Modernismo.

Amigo de Mário de Andrade (a quem Drummond dedica o livro) e de outros modernistas como Oswald de Andrade, o poeta mostra como o nacionalismo universalista e as proposições teóricas do movimento podem iluminar a leitura de *Alguma Poesia*.

Gustavo Capanema escreve em 13 de julho de 1930 no jornal *O Bandeirante*, à luz da publicação de *Alguma Poesia*:

> Carlos é de Minas e gosta de Minas, como ninguém. Com que ternura ele passeia por nossas velhas e amigas cidades coloniais, São João Del Rei, com "as ruas cheias de mulas sem cabeça", Itabira, "toda de ferro", Caeté, Sabará, que está atrás do morro, "com vergonha do trem"! E que graça que ele acha na família mineira!

Aí está seu nacionalismo. Drummond canta sua terra, sua cidadezinha qualquer e sua vida besta. Ao mesmo tempo irônico e melancólico, descreve sua gente com engenho e um entusiasmo desmistificador.

Foi nesse livro, que contém os célebres poemas "Poema de sete faces", "No meio do caminho" e "Quadrilha", que a

Cia. Nau de Ícaros teve de mergulhar profundamente e realizar, ao longo de uma semana, as seguintes tarefas iniciais pedidas pelo diretor:

1. Escolher dois poemas dentre os 47 presentes no livro. Criar uma narrativa a partir de cada um.
2. Para cada poema eleito, escolher outro intérprete para trabalhar em conjunto. Juntos, os dois devem mesclar um de seus poemas com algum do outro. Dessa junção, deve ser criada uma partitura coreográfica a ser apresentada.
3. Eleger um personagem que faça parte da obra e criar uma gênese para este. A justificativa para a descrição e gênese desse personagem deve ser pautada em trechos de poemas.
4. Retirar cinco imagens dos poemas do livro e a partir de cada uma criar cinco breves instantes de ação, tempo e espaço.

Individualmente, cada intérprete teve de mergulhar no livro e perceber as características, as linguagens e os temas que mais lhe agradavam como pessoas, leitores e cidadãos. Poemas foram selecionados e narrativas foram produzidas, assim como os personagens e as imagens.

Ao final dessa etapa, as duplas se formaram para as primeiras experimentações cênicas. O exercício era o mesmo para todos, mas cada dupla encontrou a sua forma de criar, cada encontro gerou um percurso de criação e, consequentemente, um estilo, um formato de cena. Alguns preferiram trabalhar com partituras corporais que expressassem as ações dessas narrativas; outros utilizaram técnicas aéreas para expressar sensações e imagens, e outros, ainda, trabalharam fisicamente conceitos presentes nos poemas.

Nessa primeira fase, portanto, os intérpretes desvendaram e se aproximaram do vasto mundo de Drummond tanto individualmente em suas leituras caseiras quanto na sala de ensaio, discutindo e expressando para os outros integrantes suas primeiras impressões e, além disso, colocando em prática algumas experimentações iniciais acerca do material.

Esboçando figuras

2ª Fase: 31/01/2012 a 03/02/2012

Após a semana de elaboração, o grupo começou a apresentar suas experimentações para todos. Alguns intérpretes antecediam sua apresentação comentando as sensações em relação às tarefas pedidas e proporcionaram com isso uma maior intimidade com os poemas de Drummond.

Iniciaram-se então as rodadas de apresentações da Tarefa 1. Cada intérprete leu sua narrativa, em seguida a contou novamente (agora sem ler) e, por fim, recitou o poema de Drummond que a inspirou. Aos que assistiam, o diretor pediu para que observassem a diferença nas ações de ler e contar, e como a presença cênica se manifesta de forma diferente nos dois casos.

Após as leituras, construção de narrativas e apresentações, Leonardo Moreira expressou a sua percepção em relação às escolhas dos poemas e as narrativas criadas pelo grupo. Observou que nelas havia um tema recorrente: o romantismo (expresso nas relações ou até nas perdas e memórias) e que essa temática poderia ser um caminho dramatúrgico a ser seguido.

Em seguida, começou a etapa de apresentações das figuras e suas gêneses (Tarefa 3). Para isso, o diretor propôs uma entrevista. Cada intérprete se sentou numa cadeira e respondeu, a partir da perspectiva da figura, às perguntas do diretor e do grupo. Além disso, foi solicitado que, nessa apresentação, cada um escolhesse um ponto no corpo para colocar alguma tensão, deixando que esse ponto reverberasse e propusesse uma modificação do corpo cotidiano do intérprete.

Nas apresentações, esboços de figuras e pequenas propostas surgiram. Sínteses de personagens com histórias e trajetórias, que sempre se comunicavam com o universo poético em questão: certo homem-realejo que distribui palavras em troca de um sorriso; uma tal de Lili, que não amava ninguém; um tal de Malaquias, um sapateiro manco; uma Noiva que voou depois de tanto esperar seu noivo, que nunca apareceu, e um Coronel viúvo e retraído.

O foco inicial dessa fase foi o levantamento de material e de informações, e o desenvolvimento de esboços de figuras na construção da dramaturgia.

Nesse momento, o diretor enfatizou a importância do desdobramento dos versos em narrativa, com personagens e ações, para não deixar que a futura encenação caísse no plano poético, muito etéreo, o que distanciaria o espectador. Nesse sentido, as experimentações apontaram o caráter prosaico e cotidiano da poesia de Drummond como uma saída.

Como os intérpretes poderiam se apropriar dessas imagens tão reais e cotidianas para a construção de sete figuras que mais tarde comporiam o espetáculo?

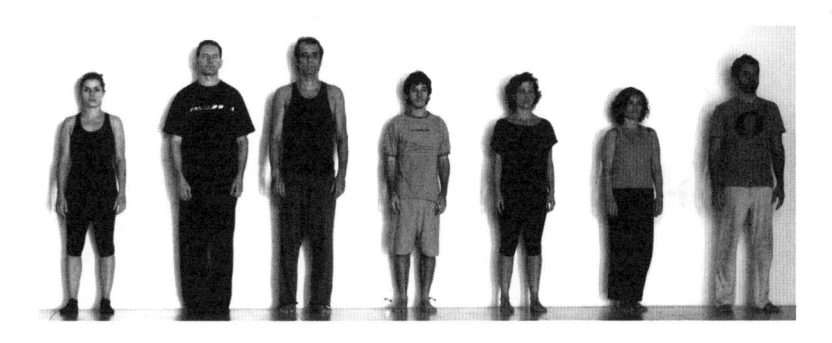

A semana seguiu e um treinamento foi iniciado com a técnica de Viewpoints. Originalmente desenvolvida nos anos 1970 pela coreógrafa Mary Overlie, com base na Teoria de Viewpoints, a técnica foi adaptada para o teatro pelas diretoras Anne Bogart e Tina Landau, e consiste basicamente em uma filosofia, traduzida em técnica de improvisação, que possibilita um vocabulário para pensar e agir em cena sobre movimentos e gestos. É muito utilizada para treinar *performers*, construir dinâmicas em grupo e criar movimento para a cena. São nove *viewpoints* físicos, subdivididos em duas categorias: tempo (tempo, duração, resposta sinestésica e repetição) e espaço (forma, gesto, arquitetura, relação espacial e topografia).

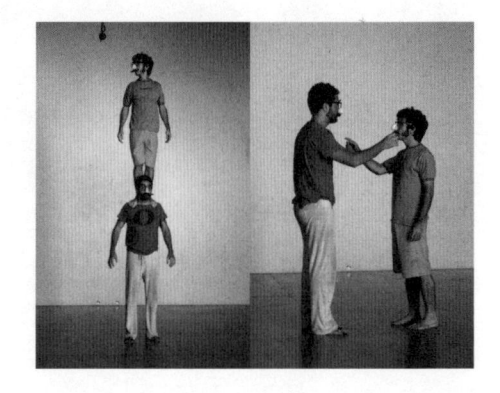

A princípio, experimentamos o exercício conhecido como "raias", no qual os intérpretes cruzam o espaço primeiramente apenas se percebendo e depois se encontrando e introduzindo essas características expressas em formato de "pontos de tensão". Nesse exercício, os intérpretes se "contaminam" e aos poucos vão criando uma partitura de gestos e ações particulares e coletivas.

Dando continuidade ao exercício das partituras coreográficas feitas em duplas a partir do encontro das narrativas, o diretor elegeu uma partitura (criada pelas intérpretes Letícia e Beatriz) para ser transformada em coreografia coletiva. Nessa partitura apareceram alguns movimentos da pesquisa de linguagem do grupo com as festas e danças populares, no caso o cavalo-marinho, e foi inserido um caráter festivo à movimentação.

Ao longo da semana, as cinco imagens criadas na Tarefa 4 foram apresentadas. Erica subiu em uma escada para compor a imagem "olhar desditoso da moça desfolhando malmequeres" do poema "Jardim da Liberdade"; Alvaro fez uma chuva de papel rasgado para construir sua ação sobre a imagem "no Brasil não há outono, mas as folhas caem"; Letícia utilizou uma lira para dar forma a "uma Noiva no Ar" do poema "Quero me casar".

No decorrer da segunda fase de ensaio, Leonardo Moreira introduziu um novo exercício de Viewpoints, de composição cênica e coreográfica.

Improvisando, cada intérprete teve de dividir a sala de ensaio em três "áreas de ação": a área **social**, a **íntima** e a do **sonho**. Cada área poderia ter o tamanho que quisessem e se localizar em qualquer ponto do recinto. Cada espaço foi vivenciado livremente por um tempo, explorando as qualidades envolvidas nessa técnica, até o momento em que as figuras esboçadas pelos intérpretes (resultado da Tarefa 3) deveriam "habitar" essas áreas, compondo ações para cada uma delas. Aos poucos, as sensações e os gestos criados foram assimilados e repetidos, gerando uma partitura de movimentos.

O objetivo principal era descobrir como essa figura se portava em cada área; qual o tempo-ritmo, a densidade do ar, a grandeza e a duração dos gestos e movimentos, e o plano (baixo, médio, alto) que ocupam nesse espaço?

Todos os intérpretes tiveram de definir uma frase coreográfica de acordo com o espaço explorado, que foi apresentada e lapidada ao longo da semana.

Em toda a primeira fase, portanto, o foco foi o levantamento de material e a criação de esboços de figuras/personagens. Estas, juntamente com as diversas imagens, gestos e células coreográficas, permitiram um vislumbre inicial de possibilidades cênicas e dramatúrgicas para a direção.

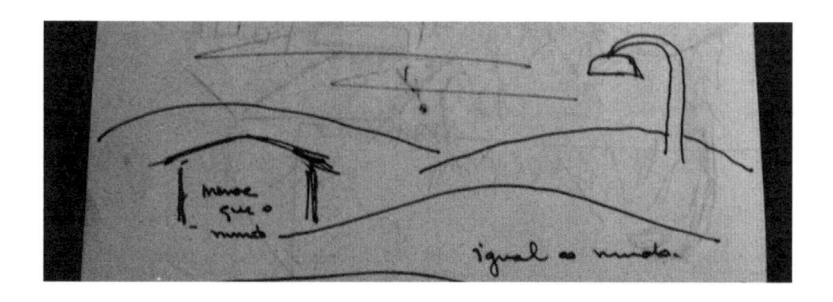

Ao longo desse período, formou-se uma indicação de roteiro para o espetáculo, um argumento. Uma cidadezinha onde essas sete figuras se encontram e um pensamento espacial constituído por três esferas: a da casa, na qual as figuras são **menores que o mundo**; a do chão, com figuras **iguais ao mundo**; e a do céu/aéreo, cujas figuras são **maiores que o mundo**. O escritor e estudioso Affonso Romano de Sant'Anna analisa a obra de Drummond a partir da dialética "eu *versus* mundo" e a desdobra nessas três atitudes: o homem menor que o mundo (poesia irônica), o homem igual ao mundo (poesia social) e o homem maior que o mundo (poesia metafísica).

Chegamos a uma nova fase, cujo foco seria o desenvolvimento da pesquisa dessas figuras adicionado ao levantamento de relações e narrativas que elas possam ter nessa "cidadezinha". Qual trajetória cada figura percorre?

Criando trajetórias e aprimorando a palavra

3ª Fase: 06/02/2012 a 10/02/2012

Para a construção da dramaturgia, Leonardo Moreira baseou-se no formato cinematográfico de **roteiro multitrama**. Tal denominação, do inglês *network narratives*, foi criada pelo teórico de cinema David Bordwell em seu livro *The Way Hollywood Tells It* e se aplica a filmes que apresentam diversos protagonistas com histórias distintas, mas que se interligam em certo ponto.

As personagens no roteiro multitrama se caracterizam por serem mais planas e superficiais, pois o que importa, nesse caso, é a visão do todo, do macro. Essa marca se relaciona com Drummond, sua criação de personagens e o universo poético em si, sintético por natureza.

O grupo é direcionado para a próxima tarefa, que consiste na criação cênica de uma trajetória para cada figura, com duração de 24 horas.

Exercício de criação de trajetórias

Ambiente com as figuras (já criadas e desenvolvidas na etapa anterior) inseridas: uma cidadezinha, na década de 1930, onde o vento não para. Certo dia, sem explicação, o vento cessa.

A duração da trajetória é de 24 horas, percorrendo as seguintes etapas:

1. DA NOITE AO AMANHECER: o que acontece na madrugada com essa figura? O que ela faz?
2. O DIA: o que essa figura faz ao longo do dia? Com o que ela trabalha? Com quais pessoas ela interage?
3. O ENTARDECER: no entardecer, a figura se veste para a festa de casamento.
4. A FESTA FRUSTRADA DE CASAMENTO: momento em que todas as figuras cruzam suas trajetórias e se encontram.
5. VENTANIA: durante a festa frustrada em que o noivo não apareceu, a ventania retorna, levando a Noiva.

Regras:
   A. Ao longo dessa trajetória, deve-se perfazer as áreas trabalhadas: íntima, social e onírica. Estas se relacionam com a ideia de cenário e encenação gerada a partir do plano íntimo (interior da casa), o ambiente social (chão), o ambiente onírico (céu/ar).
   B. Em algum momento deve-se recitar um poema de Drummond ou parte dele: uma estrofe, um poema inteiro, poemas misturados etc.
   C. Usar uma das frases coreográficas do exercício das áreas (íntima, social e onírica).
   D. Utilizar uma frase coreográfica do outro intérprete.
   E. Aplicar uma das imagens criadas para a Tarefa 4 da Fase 1.
   F. Inserir uma das cinco imagens criadas por outra pessoa.
   G. Executar pelo menos um gesto da partitura do Gramofone (antiga coreografia de Letícia e Beatriz, que se tornou coletiva e passou a se chamar Gramofone).
   H. É proibido fazer mímica. Acrescentar, portanto, objetos e roupas, pois a simulação é proibida.

Enquanto cada um pensava e trabalhava individualmente na criação de sua trajetória, o diretor introduziu, no ensaio do dia 6 de fevereiro, um exercício desenvolvido pela companhia britânica Complicité, do diretor Simon McBurney, chamado "Sete Níveis de Tensão".

Com o objetivo de trabalhar o corpo e a voz e adicionar tensão física às palavras, o exercício consiste em passar fisicamente pela seguinte sequência de sete estados e tensões:

Exercício sete níveis de tensão

1. Catatônico (morte)
2. Deserto (bêbado)
3. Relaxado (praia/novela)
4. Ator (bailarina)
5. Suspense (filme B)
6. Melodrama
7. Tragédia (ópera)

Cada intérprete trabalhava com um poema aleatório de Drummond. O grupo começou apenas dizendo o poema pelo espaço, enquanto caminhava. Ao comando de Leonardo, cada nível de tensão foi introduzido sequencialmente, para que a reação provocada no corpo e na voz fosse experimentada. Diferentes respirações, volumes e tônus foram vivenciados na aplicação dessas tensões e, por fim, quando retornaram ao estado normal, o grupo voltou a dizer o poema, percebendo a diferença antes e depois do exercício. O objetivo deste treinamento foi condicionar o grupo a pensar nesses sete níveis de energia em suas trajetórias.

A semana segue com as apresentações das trajetórias.

Alvaro traz a figura do tímido e observador Homem-Realejo, apaixonado pela professora, que é apaixonada pelo seu marido (formando uma pequena "quadrilha").

Roberto e seu coxo e pateta sapateiro Malaquias, apaixonado por Judite, seu amor que foi embora. Tenta revê-la mandando um recado via rádio, para que ela apareça na festa de casamento.

Beatriz e sua jovem beata que carrega o santo na cabeça na procissão, mas quando está longe dos olhos da mãe dança o *black bottom*.

Erica e sua Lili, cujo pai uma noite foi embora e nunca mais voltou. Na noite do casamento veste o seu paletó, como uma forma de levá-lo à festa.

Letícia e sua noiva, cujo passatempo é ler e reler as cartas escritas por seu noivo, que no final não vem ao casamento.

O galã observador com o desejo de sair da cidade e, para isso, constrói uma máquina de voar.

O coronel atordoado com a morte de sua esposa, que o acompanha como uma sombra.

Paralelamente às tarefas, ao longo dos ensaios e de todo o processo, o grupo continuou desenvolvendo o treinamento de sua pesquisa de linguagem habitual, orientada por Letícia Doretto, com as danças e folguedos brasileiros, investigando passos e ritmos como cavalo-marinho, moçambique, batuque de umbigada e outros que pudessem ter relação com a temática e o universo poético em questão. A pesquisa de dança contemporânea, que elaborou técnicas do uso do peso, transferências, contato, improvisação e composição coreográfica, foi orientada por Erica Rodrigues.

Esboçando dramaturgia

4ª Fase: 13/02/2012 a 22/02/2012

O exercício das criações de trajetórias das figuras possibilitou que a ideia geral da peça começasse a se esboçar. Apesar das figuras completamente diferentes, havia entre as criações dos intérpretes certa unidade que se comunicava com o universo de Drummond. Algumas semelhanças nas criações e elementos recorrentes apareceram, como o rádio e suas narrações, as diversas relações amorosas (chamadas pelo grupo de "quadrilha", remetendo ao poema de mesmo nome), fossem elas bem ou malsucedidas, a vontade de festejar e de sair do lugar cotidiano, a crítica ao *status quo*.

No ensaio do dia 13 de fevereiro, Leonardo propôs dividir a peça em cinco partes: a primeira contendo as apresentações das personagens; a segunda com as trajetórias individuais; a terceira, em que uma "quadrilha" se forma e cada personagem encontra outro, que encontra outro e assim por diante; a quarta, na qual as personagens se vestem para a festa de casamento e preparam a Noiva; e a quinta, o momento em que a festa efetivamente acontece, mas o noivo não vem e a ventania carrega a Noiva para o vasto mundo.

A primeira proposta trazida pelo diretor foi apresentada na forma de uma escaleta organizada em duas partes: de um lado, o que acontece em termos de ação e, de outro, referências de poemas de Drummond, que talvez pudessem entrar nas falas dos personagens ou de um narrador vindo de um rádio, que seria praticamente outro personagem.

Essa escaleta contém a primeira parte, as apresentações das personagens e suas ações no primeiro período temporal da trajetória de 24 horas, A Noite.

Aproveitando as propostas dadas pelo grupo, Leonardo desenvolve e transforma as personagens, criando relações entre elas (quadrilha): Alvaro agora é um **Carteiro**, apaixonado por Letícia, **a Noiva no Ar**, e para quem ele entrega cartas do noivo J. Pinto Fernandes (que não vai entrar na história); Celso é um **Soldado** viúvo que vigia a cidade; Erica, **a que não amava ninguém** e Beatriz, a **Beata,** agora são irmãs que choram a perda do pai; Roberto é o manco **Sorveteiro** que percorre a cidade vendendo seu gelado de abacaxi; e Marco, o **Poeta e Estrangeiro** que conserta os cata-ventos da cidade. Elementos como as cartas, o cata-vento e o rádio foram retirados das trajetórias compostas pelos intérpretes e realocados ou ressignificados na proposta de texto da direção.

Para a encenação, Leonardo também começa a selecionar as ideias. Um dado significativo foi a decisão de transformar a utilização da técnica das cordas de alpinismo e da dança aérea em elemento da dramaturgia. Ou seja, numa cidade onde venta muito, sem parar, todos estariam amarrados e presos a cordas durante boa parte da encenação.

Inicia-se a construção de um princípio coreográfico espacial que desenvolve a trajetória no espaço e tempo. Com base na escaleta, cada intérprete iniciou um desenho coreográfico dessa trajetória, orientando-se pelo roteiro. Após a construção individual, todos decoraram a ordem da escaleta e começaram a executá-la juntos, experimentando os trajetos e relações propostas.

Paralelamente ao trabalho com a primeira proposta de roteiro, foi pedido aos atores que transformassem a sequência do Gramofone (criada com a partitura inicial de Letícia e Beatriz na Fase 1 e retrabalhada em quase todos os ensaios) na coreografia da festa de casamento.

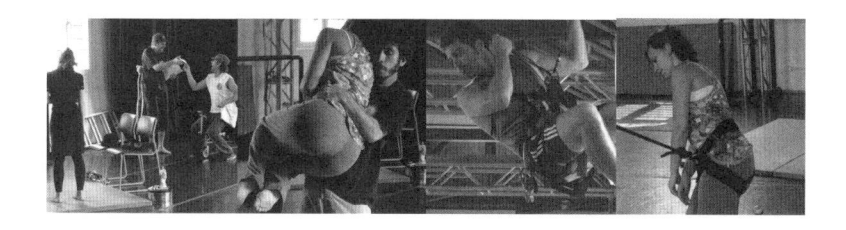

Para essa tarefa coreográfica, e as demais que aparecerão adiante no processo, Erica e Letícia se encarregavam da orientação e definição dos movimentos.

Definindo dramaturgia

5ª Fase: 23/02/2012 a 13/03/2012

Após as experimentações desenvolvidas com a primeira escaleta ao longo da quarta fase e da avaliação sobre o que foi produzido a partir dela, iniciou-se o processo de definição da dramaturgia. O texto começa a tomar forma.

No dia 23 de fevereiro, após um breve descanso no feriado de Carnaval, a primeira versão do texto foi apresentada ao elenco. Nele, a vida dos personagens – que não tinham voz, uma vez que suas palavras foram levadas pelo vento – foi narrada por uma voz em *off* vinda de um rádio.

É nesse momento que o sonoplasta Marcelo Pellegrini embarca no processo e investiga junto ao grupo as possibilidades de apresentar esse texto narrado ao público. Inicialmente surgiu a dúvida se o narrador seria encarado como um novo integrante ou se os próprios atores fariam a narração do texto. Ficou decidido que os próprios atores contariam as *vidas narradas no rádio*, por serem eles os habitantes daquela cidade onde transcorriam essas vidas. O grupo então saiu das salas de ensaio e foi para os estúdios de gravação.

Começaram a trabalhar com essa primeira versão textual – incompleta, mas já com as indicações das cenas que ainda não tinham sido escritas – e também a criar as novas coreografias nela propostas.

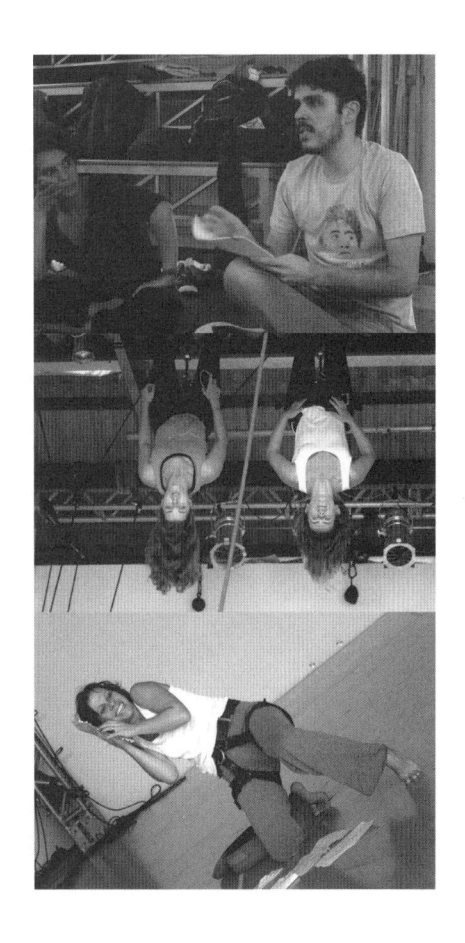

Nessa fase, o grupo foi aos poucos introduzindo questões técnicas a serem investigadas. Para isso, surgiram cordas para segurar todos os intérpretes, "telhados" foram construídos e bicicletas cresceram, como se vê nas imagens abaixo.

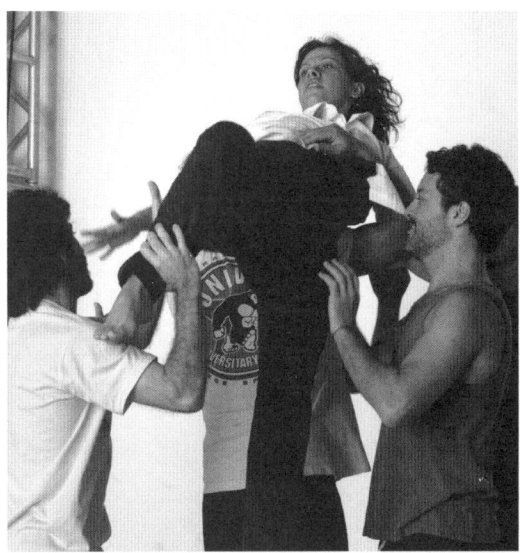

Superadas algumas questões técnicas e com as personagens já definidas e construídas, o foco passou a dirigir-se ao levantamento das cenas e coreografias propostas nessa primeira versão do texto para, enfim, obter uma visão geral do espetáculo.

Traçando a reta final e... estreando!

6ª Fase: 14/03/2012 a 03/04/2012

Com o texto final nas mãos, o grupo entra no Teatro do Sesi-SP para a reta final, que durou 20 dias.

O principal objetivo no encerramento desse processo foi trabalhar os novos elementos de encenação que seriam introduzidos e as questões técnicas advindas deles.

Menor que o Mundo

O cenário de Marisa Bentivegna

A iluminação de Wagner Freire

Os figurinos de Chris Aizner

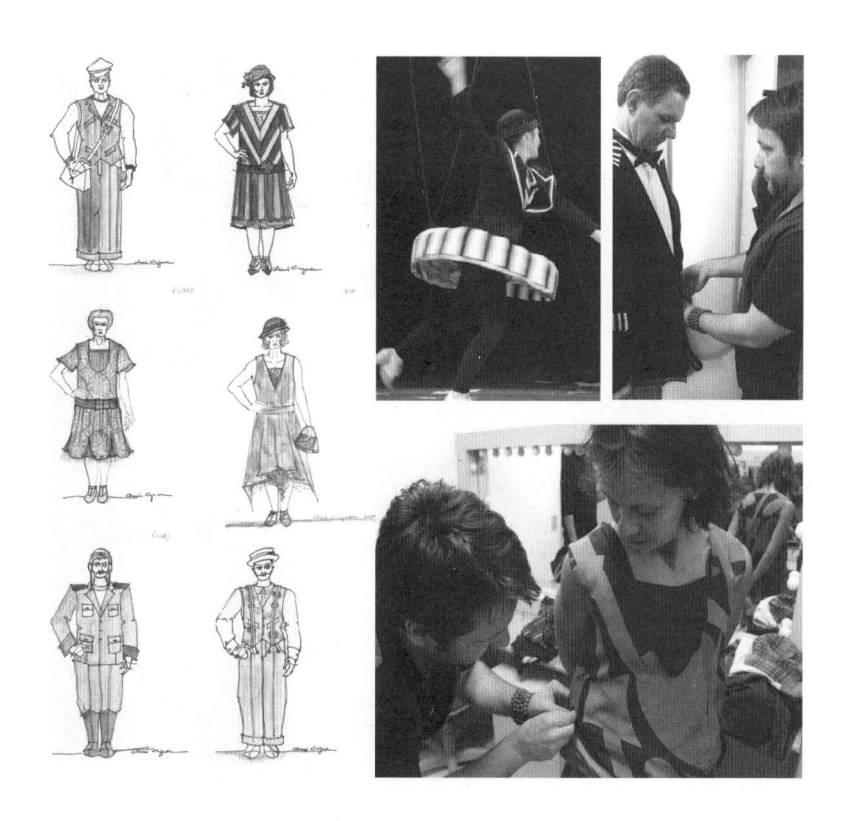

Nau de Ícaros

O visagismo de Leopoldo Pacheco

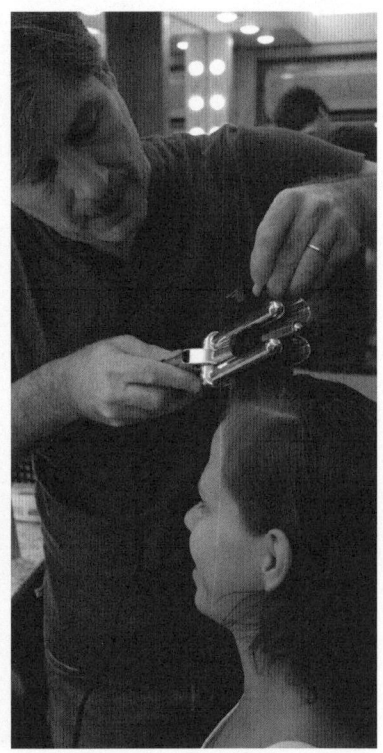

Menor que o Mundo

Equipe

Adriana Holtz, Alvaro Barcellos, Ariel Bemergui, Aura Cunha, Ayelén Gastaldi, Beatriz Evrard, Bel Gomes, Carlos Henrique Venancio da Costa, Caroline Yamasaki, Celso Reeks, Chris Aizner, Chris Von Ameln, Erica Rodrigues, Gabriel Levy, Guilherme Varela, Igor Alexandre Martins, João Souza, Judite de Lima, Julia da Luza, Leonardo Moreira, Leopoldo Pacheco, Letícia Doretto, Luciene Adami, Luiza Torres, Marcelo Pellegrini, Marco Vettore, Mário Nova, Marisa Bentivegna, Melissa Guimarães, Paulo Souza, Roberto Haathner, Roberto Rodrigo da Silva, Samuel Pompeu, Trícia de Freitas, Tuto Ferraz e Wagner Freire.

O encontro entre essa quadrilha de criação e Carlos Drummond de Andrade deu origem à peça:

MENOR QUE O MUNDO

Após dois meses curtos, porém intensos, a Nau de Ícaros estava pronta para estrear e começar a última e mais prazerosa fase do processo: o encontro com o público!

MERDA!

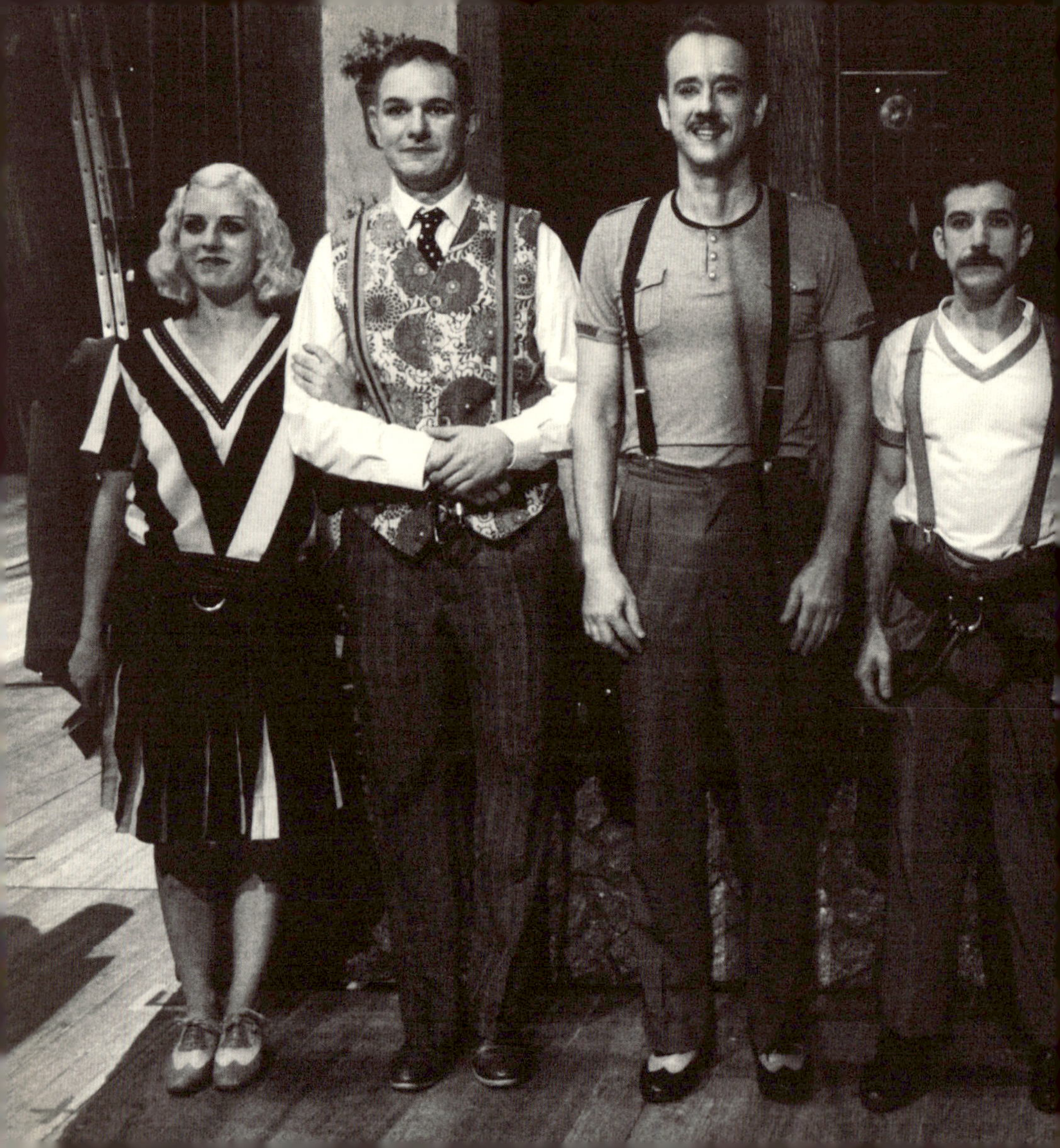

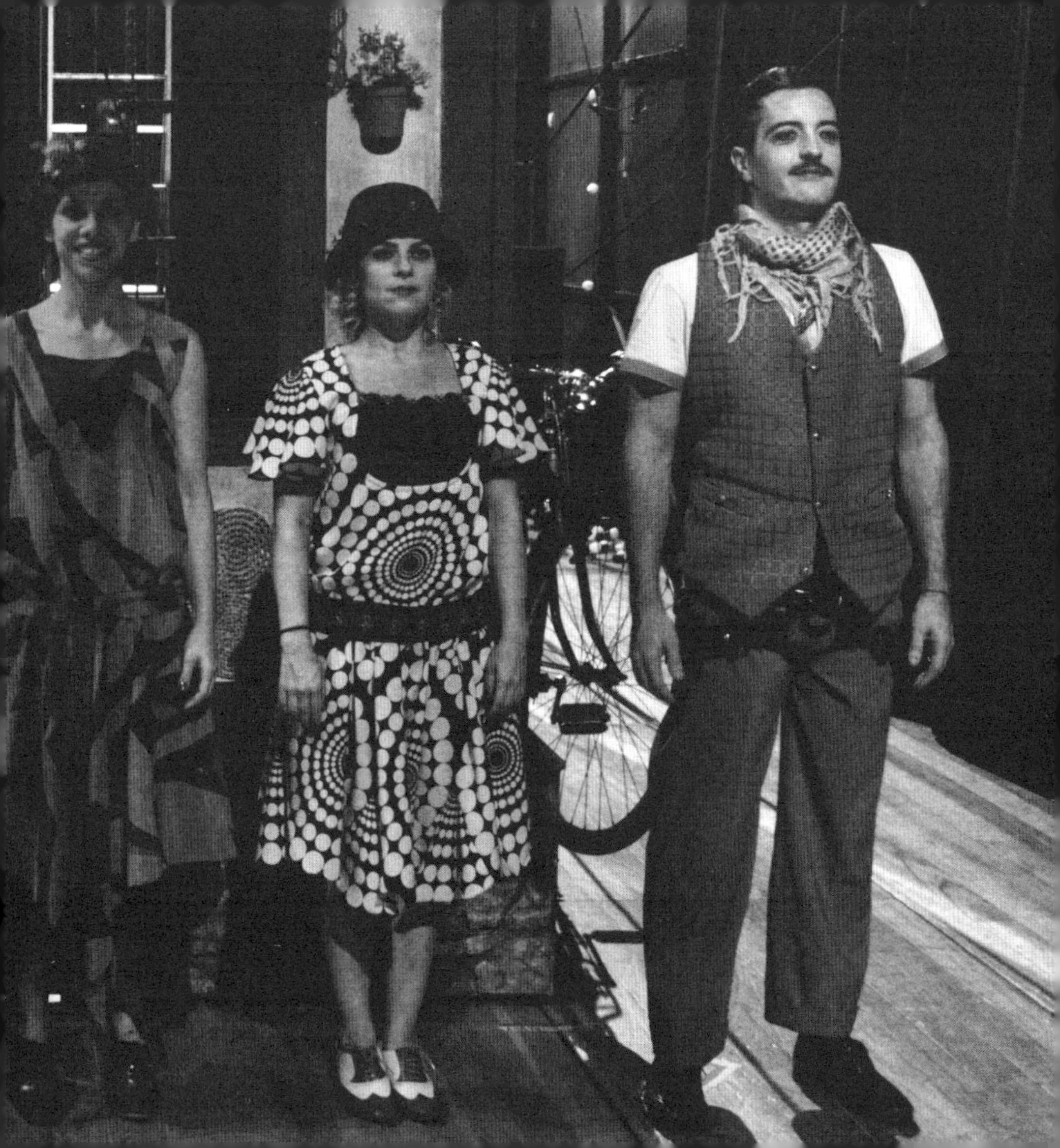

Palavra do dramaturgo

Tratando a obra de **Drummond** como uma extensão tanto de nossa memória quanto de nossa imaginação, a peça refaz – em movimentos, voos, palavras – os encontros e desencontros de personagens retirados da obra do poeta mineiro. Personagens frágeis, loucos, narcisistas, líricos, patéticos, em completo descompasso com o lugar, maiores que o mundo, menores que o mundo. Do tamanho do mundo, vasto mundo. Nessa quadrilha de amores e desamores podemos reencontrar alguma poesia.

Logo no primeiro ensaio, entre o encanto pela poesia de Drummond e o medo que sempre precede o início de novos caminhos, li este trecho de uma carta enviada ao poeta por Alcântara Machado, em 1930:

> "Impossível resistir – meu caro Carlos D. de Andrade – ao facílimo jogo de palavras. **Alguma Poesia** tem muita poesia, tem de sobra, tem como o diabo. Você possui qualquer coisa que eu não sei bem se é suave displicência ou sublimação do vulgar ou equi-

> líbrio no perigo ou tudo isso junto ou nada disso indefinível que me entusiasma sempre."

De algum modo, foi essa carta que guiou todo o trabalho. Durante a criação desse espetáculo – às vezes encontrando pedras no caminho, outras vezes voando por um mundo vasto de lirismo –, continuamos a visitar Drummond com o mesmo prazer e espanto da primeira leitura.

Não resistimos à poesia bem-humorada de **Alguma Poesia** e, talvez por isso, **Menor que o Mundo** foi mostrando-se uma peça cheia de recortes e colagens, pedaços de versos; o lirismo seco e reflexivo de Drummond estimulando cada movimento e paisagem. Cada cena foi pensada como um verso – ainda que imperfeito, prosaico, sem rima, do tamanho do mundo.

Talvez porque Drummond disse que gostaria de escrever um livro torto, essa também é uma peça *gauche*, composta de cenas e movimentos que se repetem, diferentes perspectivas (de frente, por trás, de cima, de pernas para o ar) de contemplação de uma cidadezinha qualquer.

Essa cidadezinha qualquer, além de ser título de um poema de Drummond, é também um reencontro com minha própria origem, com minha pequena cidade mineira, com algumas das cordas que me amarram, com os ventos que me levaram para (nem tão) longe de lá.

Reconhecer-se, assim, minúsculo, só foi possível pela confiança dos muitos que também criaram esse espetáculo. Dividir essa criação com a Nau de Ícaros tem sido um privilégio. A entrega do grupo, sempre se equilibrando no perigo (literalmente), sempre suave em sua extrema dedicação. Juntos, criamos esse espetáculo que é muito menor que o mundo, mas que, não tenho dúvidas, carrega alguma poesia.

Leonardo Moreira
Dramaturgia e Direção

Menor que o Mundo

Livremente inspirado pelos poemas de
Alguma Poesia, de Carlos Drummond de Andrade.
Uma criação da Cia. Cênica Nau de Ícaros, com dramaturgia
e direção de Leonardo Moreira.

I. A cidade minúscula
(que nos apresenta à cidade e a seus habitantes)

1930. Uma paisagem. Entardecer. (Durante toda a cena, vai anoitecendo aos poucos. A cidade de uma só Casa adormece.)

Uma pequena casa iluminada, a cidade vazia. Som de vento. Um cata-vento girando no alto de um poste.

O rádio da cidade, também no alto do poste, narra a vida de seus minúsculos habitantes.

NARRADOR (SORVETEIRO) – Ali era uma cidade de gente minúscula, no meio do vento. Alguns, que tinham conseguido se salvar dali, mandavam cartas com a notícia de que o mundo, o grande mundo estava crescendo todos os dias. Mas aqueles poucos que ficaram não acreditavam. Eram do tamanho do que viam: as casas espiavam os homens que corriam atrás das mulheres. Era só o que o viam, era só o que eram. E seus olhos não questionavam nada. Se ali não houvesse tanto desejo, talvez a tarde fosse azul. E talvez eles não tivessem decidido se amarrar ao chão, se ali não houvesse tanto medo de sair voando com o vento. E como ali o vento também levava embora todas as palavras, eles preferiam não falar, mas ouvir suas próprias vidas sendo narradas por outro. Vida contada no rádio. Vida vivida era mais perigosa que o vento, teriam dito se soubessem falar. O que eles sabiam era que ali a vida era uma ordem.

Aquele Soldado cruza a cena no fundo, vindo de trás da Casa. Ele caminha inclinado, como se resistisse bravamente ao forte vento. Como todos os outros habitantes dali, está amarrado ao chão por uma corda. À medida que os habitantes dali caminham pela cidade, vão produzindo uma rede de cordas que se cruzam. Aquele Soldado marcha pela cidade.

NARRADOR (AQUELE SOLDADO) – Cumprir ordens é o que mais sabia Aquele Soldado. Soldado de bigode sabia brigar, era a ordem por ele repetida todo entardecer. De vigília, para ter certeza de que todos ali continuassem com o pé no chão, apesar dos quatro ventos que teimavam em brincar com seus bigodes (e apesar daquele conhaque que põe a gente emotivo como o diabo).

Aquele Soldado encontra uma pedra no meio do seu caminho. Recolhe e guarda discretamente a pedra.
O Soldado dança com as pedras, de guarda.

Ali, ele vigia cada corda (que não deixava que conhecessem todas as outras cidades que nem sabiam que gostariam de conhecer), recolhendo pedras ninguém sabe porquê. Quem olhasse Aquele Soldado de pé – nenhum vento a seu favor, nunca diria que ele um dia já teve um ritmo.

Aquele Soldado para no canto e fica de vigília, dançando com o vento.

Antes, Aquele Soldado fazia aquilo, fazia isso. Hoje, as pedras nos bolsos do uniforme repetindo sua canção de viúvo, as botas marchando na ventania, ele não dança mais, não é irônico mais não, não tem mais ritmo.

Aquele Soldado continua dançando, no canto, vigiando a cidade.

"Meu Deus, por que fui abandonado, se sabias que eu não era forte?" Era o que Aquele Soldado repetiria baixo, se o rádio não falasse por ele. Dizia-se viúvo, mas a cidade inteira sabia calada que era mentira. Aquele Soldado, ali, em expedição noturna, na hora em que São Pedro já dorme e só o cata-vento ronca mecânico, vigiando o vento, velando sonos, tirando ouro do nariz, de olhos baixos para ninguém perceber que tinha chorado, espantando mosquitos de cortinas e grinaldas.

Aquele Soldado, de pé, continua chorando discretamente, espantando mosquitos e limpando o nariz.
A Noiva no Ar secretamente sobe até o telhado de sua Casa, carregando uma mala cheia de cartas. Ela dança com as cartas.

NARRADOR (NOIVA) – Além dos mosquitos que frequentavam a grinalda da Noiva, vinham também algumas ideias. O que era perigoso. Ali, por enquanto, não se podia cantar o amor. "Mundo, mundo, vasto mundo. Mais vasto é o meu coração", pensava a Noiva quando ninguém a vigiava. O telhado era alto demais para quem nunca tirava os pés do chão – e ainda com aquele vento! Mas era a véspera do seu casamento. Nenhum anel, nenhum beijo no noivo atrás da igreja, só o que ela tinha eram as duas mãos, uma mala cheia de cartas com promessas do noivo e toda a ilusão do mundo. Ela não devia se afastar tanto do chão, mas ainda mais distante havia a lua.

A Noiva no Ar dança com as cartas que recebeu, sussurrando trechos do que lê. O Sorveteiro passa no fundo, papéis ao vento.

NARRADOR (NOIVA) – Ela sussurra as letras do noivo: J. P. Fernandes. (Gente de fora dali podia ter nome maiúsculo.) Sussurra bem baixo porque sabe que o diabo está sempre à espreita. (como se lesse) "E os corpos se enrolam e a carne conhece a carne." "Eu te gosto, você me gosta, desde sempre, para sempre". Cada casa da cidade podia ouvir, se ouvissem, aqueles sussurros de amor, amores.

Acende-se a luz da Casa (Casa 1) e lá está o Carteiro, levantando as cartas para o alto para ler o que está escrito. Há uma sincronia entre os movimentos da Noiva e do Carteiro.

narrador (Carteiro) – Eu, herói de cinema, te beijo, casamos. Era o que o Carteiro tinha ensaiado pra dizer quando fosse, como todas as manhãs, entregar as cartas de J. P. Fernandes para a Noiva. "Noiva de outro mas que devia ser sua", uma vez ele pensou em gritar. Mas amar se aprende enquanto se ama, disso o Carteiro não tinha dúvidas. E ele aprendia a amá-la resignado, distribuindo o convite do casamento, presenteando quem amava com cartas de outro, enfrentando o vento para espalhar na cidade as notícias de fora, os segredos que só ele guardava.

Não conhecia outra forma de amar. Era isso o amor: o ganho imprevisto, o prêmio discreto, rascunho ilegível que, uma vez lido, não mais existe. Mas também: Amor-cachorro-bandido-trem. Naquela noite de véspera, ele teve vontade de rasgar as palavras de J. P. Fernandes ao vento. Só vontade. O medo era maior.

O Carteiro pensa em rasgar uma carta, mas desiste.
Outro Soldado aparece no fundo, realiza o mesmo trajeto que Aquele Soldado. Recolhe a mesma pedra. Para ao lado dAquele Soldado, preocupado. Os dois olham para o alto, para o cata-vento sobre o poste onde está o rádio.

NARRADOR (OUTRO SOLDADO) – Amigo do medo era também o Outro Soldado. O Outro Soldado, atrás do bigode, é sério, simples e forte. Tem raros amigos o Outro Soldado atrás dos óculos.

Enquanto ali houvesse medo; enquanto ali houvesse as placas da prefeitura vigilante: "é proibido voar"; enquanto ele estivesse de vigília, tudo estaria em paz, apesar do vento. Ajeita os bigodes, apesar do vento. O Diabo enxerga sete léguas e tem o ouvido fino como violino. Sabendo disso, cuidava das cordas que amarravam a cidade. E que não lhe dissessem que a liberdade é o que se paga pela paz. Hoje, ao lado dAquele Soldado, o Outro Soldado parece melancólico, a doce música do cata-vento lhe contava que alguma coisa não estava certa. Mas ele ainda não sabia o que era.

Outro Soldado e Aquele Soldado vigiam o poste, cuidando do vento, arrumam algumas cordas e espiam a cidade.

Contam que ele, que já tinha sido, acreditem, poeta cheio de estrangeirismos, esqueceu umas flores na farda que o vento uma vez levou. Desde então, um temor o perseguia, feito uivo. Desde então, passou a vigiar os cata-ventos e as pernas, ah, as pernas das mulheres. Pra quê tantas pernas?

O Carteiro escolhe uma das cartas, aflito, continua sua coreografia com as cartas e prepara a bicicleta para sair de casa.

narrador (Carteiro) – Lá embaixo, além das tantas pernas, ele podia ver o Carteiro preparando sua bicicleta, pesada para enfrentar o vento – tum, tum em seu coração – carregando a carta que tinha o segredo que revelaria para a Noiva tantos, tantíssimos contos do vigário. Naquela carta, que ele clandestino tinha lido o futuro da Noiva. Ou o futuro dos dois. E ela ficaria espantada de ver um homem esperto, que nem uma besta, que nem uma coisa.

O Carteiro apaga as luzes de casa, arruma a sua bicicleta.
Entra a Irmã Mais Velha, bêbada, cambaleando pelas ruas. Ela recebe ajuda dos Soldados para chegar até sua casa.

NARRADOR (IRMÃ MAIS VELHA) – Que nem uma besta, que nem uma coisa, a Irmã Mais Velha voltava pra casa. Desde que seu pai tinha desaparecido, a Irmã Mais Velha não amava ninguém, além do conhaque. O pai tinha um nome: Raimundo. Mas ninguém se lembra mais. Até os sapos coaxavam que o pai das Duas Irmãs tinha morrido jovem demais, bonito demais. Mas como não tinham encontrado o corpo, a Irmã Mais Velha, embora não dissesse, morria de medo de que o pai tivesse se desamarrado para o vasto mundo. Sem ela. Azar o dela.

O Carteiro gira a Casa. Com sua bicicleta, cruza com a Irmã Mais Velha e quase a derruba. Ele desaparece atrás da Casa.

NARRADOR (IRMÃ MAIS VELHA) – Ela então entrou a tomar porres violentos, diários, morrendo de medo de morrer como o pai. Ou de voar. Ou de sumir. Porque ela sabia que nós também somos aquilo que perdemos, a Irmã Mais Velha precisava fazer o mundo girar.

Ela vai entrar em sua Casa, mas a Casa parece fugir dela. A Casa para. As luzes da Casa voltam a acender: a Casa, que antes era do Carteiro, com o giro transformou-se em uma Casa com varanda e cheia de fotos das Duas Irmãs.

É a Casa das Irmãs (Casa 2. Tudo na Casa acontece de cabeça para baixo.)

Dentro da Casa, as pernas da Irmã Mais Nova aparecem dançando na janela. A Irmã Mais Velha está diante da porta. A Irmã Mais Nova dança black bottom *na janela. A Irmã Mais Velha tenta entrar pela janela, mas está muito bêbada. A Irmã Mais Nova interrompe a dança, fingindo muito recato. A Irmã Mais Velha es-*

pera na porta, trocando suas amarras, quase levadas pelo vento. Finalmente entra pela janela.

As duas dentro da Casa, de cabeça para baixo.

NARRADOR (IRMÃ MAIS NOVA) – Papagaios, cachorros, galinhas gordas no palmo da horta, e a Irmã Mais Velha que trata de tudo, tudo de pernas para o ar para celebrar o luto. Sofás, camas, a cadeira do pai, o cigarro, a reza, o doce de leite na sobremesa de domingo, o gramofone toda noite e a Irmã Mais Nova que suspira rezas, de pernas prontas para sapatear.

As Duas Irmãs se ajeitam, penteando os cabelos de cabeça para baixo.

NARRADOR (OUTRO SOLDADO) – O Outro Soldado escutava, mais forte que o vendaval, o sapato coxo vindo de longe. O Sorveteiro corta a rua. Devagar.

O Sorveteiro atravessa a cena, mancando, devagar, e sempre sorrindo. Ele carrega um pequeno bicho de pelúcia e alguns versos que são levados pelo vento.

NARRADOR (SORVETEIRO) – Devagar os Soldados olham. Quando nasceu, um anjo que vive na sombra disse: Vai, Sorveteiro, ser coxo nessa vida. E ele foi, cortou o tempo vendendo sorvetes de abacaxi até finalmente encontrar aquela que fizesse seu coração parar por alguns segundos. E aquele coração manco ia, corajoso, o vento a seu favor, sabendo que o amor começa tarde.

O Sorveteiro bate palmas, na porta da Casa das Irmãs. Elas espiam, conversam entre si, mas não abrem. O Sorveteiro escuta as gargalhadas das Irmãs dentro da Casa.

narrador (Sorveteiro) – E de velhice, o amor também finge ser surdo. O Sorveteiro não ouve a mulher ajuntar lá dentro: – Que idiota. Aperta no bolso o versinho que, como um realejo, demorou para escolher: "Quero que todos os dias da vida a cada hora a cada minuto me repitas: eu te amo" e vai mancando embora, carregando sua coleção de objetos de não amor.

O Sorveteiro vai caminhando, sorri e fica parado, debaixo do poste, com o bicho de pelúcia. Os Soldados cuidam das cordas, movimentando a Casa. O Carteiro observa a Noiva no alto da Casa. Todos estão em cena. Ela se solta das cordas e adormece no telhado.

A Casa para. Com o movimento, a Noiva cai do telhado, mas os soldados a pegam antes que ela alcance o chão. Ela, sem corda, dança seu sonho com os Dois Soldados, que tentam amarrá-la. Aquele Soldado consegue prender a Noiva de volta na corda. O Carteiro comanda a corda da Noiva, enciumado da dança dela com os Soldados. Ela continua adormecida.

NARRADOR (SORVETEIRO) – Ali, aprenderam que não se deve reclamar da vida, a gente vive, logo esquece. E assim a cidade vai, devagar. Mas chega um momento em que nenhuma corda pode segurar aquele céu tamanho. E o vento inunda a vida da cidade inteira.

A Noiva quase voa, mas agarra-se ao telhado e lá fica. Aquele Soldado entra em casa. Agora, é a Casa do Soldado (Casa 3). Triste, deposita as pedras na janela, como um altar para a esposa e começa a chorar. Ele está na horizontal.

NARRADOR (AQUELE SOLDADO) – A noite encheu a alma dAquele Soldado, triste sem querer e sem saber. Uma sombra o abraçou. Era a sombra do seu amor, que ele mentia ter morrido há tanto tempo. Não é bom pensar nessas coisas mortas, ele teria dito. Depois mais nada, o dia acabou. Anoiteceu naquele mundo minúsculo.

Aquele Soldado chora em casa, já é noite. Outro Soldado se aproxima e gira a Casa. A Casa gira até virar a Casa do Sorveteiro (Casa 4). Ao som da música do rádio, o Sorveteiro entra em casa.

NARRADOR (SORVETEIRO) – A rua dali, vazia de gente e cheia de vento, parece enorme. Não, aquela gente pequena, com a vida guiada pelo rádio, não era maior que o mundo, era muito menor, mas dançava a mesma quadrilha que o resto do mundo inteiro:

A Casa começa a se movimentar, empurrada pelo Outro Soldado. É a Casa do Sorveteiro (Casa 4).

O Sorveteiro chega em casa, carregando o bicho de pelúcia. Está sozinho.

A Casa gira em seu eixo. Durante o movimento, vemos fragmentos de todas as vidas, dentro de cada uma das Casas: o Sorveteiro conversa (mudo) com o bicho de pelúcia...

NARRADOR (SORVETEIRO + TODOS) – O Sorveteiro que amava a Irmã Mais Velha...

... as duas irmãs dentro de casa. A Irmã Mais Velha adormecida abraçada a um paletó antigo. A Irmã Mais Nova, de pernas para o alto, dançando o black bottom.

NARRADOR (CONTINUAÇÃO) – ... que, além da vodka e do conhaque, não amava ninguém e gastava seus dias cuidando da Irmã Mais Nova que, depois de sussurrar rezas, gastava seus sapatos dançando o *black bottom*...

Outro Soldado de vigília, girando a Casa.

NARRADOR (CONTINUAÇÃO) – ... para que o Outro Soldado visse suas pernas soltas no ar enquanto amarrava a cidade...

Aquele Soldado chora em casa.

NARRADOR (CONTINUAÇÃO) – ... com a ajuda dAquele Soldado que vivia amarrado à mulher que fugiu com outro e só lhe deixou uma carta...

Carteiro em casa, lendo as cartas.

NARRADOR (CONTINUAÇÃO) – ... entregue pelo Carteiro que, além desse segredo, também esconde seu amor pela Noiva...

Noiva adormecida no telhado.

NARRADOR (CONTINUAÇÃO) – ... que amanhã irá se casar com J. P. Fernandes. Que não vai entrar nessa história. Afinal a vida é um romance e nós vivemos folhetins sem querer.

A Casa para de girar (Casa 4).
Um tempo de noite. Apenas o som do vento, cata-ventos girando. Todos dormem, com exceção do Outro Soldado, de vigília, parado ao lado da Casa. Um longo tempo.
O som de vento para.
O cata-vento para.

II. O Sorveteiro
(ou o dia sem vento)

Amanhece a cidade, sem vento. Em cena, apenas a Noiva que dorme no telhado, feito passarinho. E o Outro Soldado, de pé, mas já adormecido.

NARRADOR (SORVETEIRO) – A manhã ficou azul. Nenhum desejo naquele domingo, nenhum problema nessa vida. Lá fora, o vento abençoando os legumes. O vento? Desde uma noite antiga, há muitos anos, a noite em que Raimundo tinha desaparecido, nunca mais tinha parado de ventar. Mas naquela manhã o mundo parou de repente, os cata-ventos ficaram calados. Domingo sem fim nem começo. Domingo sem vento.

A Casa (Casa 4) ilumina-se. O Sorveteiro acorda. Ele veste seu avental, prepara seu café. Olha a janela, estranha, mas não percebe a falta de vento.

NARRADOR (SORVETEIRO) – O Sorveteiro, porém, não notou que, pela primeira vez, a cidade poderia ouvir o que se dizia. As palavras não seriam mais levadas pelo vento, como em todas as outras manhãs.
SORVETEIRO *(na janela)* – Café!

Sorveteiro estranha um pouco a sua voz, mas não entende direito o que aconteceu. Olha para dentro de casa, feliz, como se estivesse acompanhado.

A Noiva e o Outro Soldado despertam com o grito do Sorveteiro. Estranham a falta de vento, em sincronia.

NARRADOR (SORVETEIRO) – Ninguém tinha ouvido falar que era possível a rua acordar tão mudada. Os Soldados e os vizinhos não se conformavam. Justo no dia do casamento! Eles não sabem que a vida tem dessas exigências brutas. O Sorveteiro, porém, talvez porque fosse desatento, talvez porque estivesse tão acostumado a trocar o que pensava pelo que o rádio dizia, não percebeu a falta da ventania. E, também, dentro de casa, ele estava bem. Bem até demais para quem vivia numa cidadezinha qualquer. Comida na mesa, cama arrumada, lençóis trocados uma vez por semana, uma casa só pra ele, o Sorveteiro parecia feliz. Ele, se pudesse, pensaria: "Como estou feliz nesta poltrona! Que doce folhetim!"

O Sorveteiro, como se conversasse com alguém (que não vemos), dentro de casa.

Nas ruas, a Noiva em cima do telhado se prepara para o casamento (ainda estranhando o vento).

Soldado vai até o poste, sobe e tenta fazer o cata-vento voltar a funcionar.

NARRADOR (SORVETEIRO) – Mas o Sorveteiro não sabe de nada. Só o que conhece é sua paixão pela Irmã Mais Velha, filha do falecido Raimundo. E que agora só tinha uma Irmã.

Irmã Mais Nova passa no fundo, em procissão. Ela carrega uma santa e dança um black bottom.

NARRADOR (SORVETEIRO) – E se a Irmã Mais Velha aceitasse o presente que ele tinha escolhido pra ela? E se ela aceitasse os versos que ele tinha gastado madrugadas reescrevendo? O Sorveteiro não precisaria parecer feliz. Ele poderia ser.

Mas o Sorveteiro não sabe de nada. Só o que ele sabia era que o amor era um urso de pelúcia do tamanho do mundo, minúsculo mundo. E se ela aceitasse o urso, aceitaria o amor?

O Sorveteiro namora e dança com o urso, como se ele fosse a Irmã Mais Velha.
Enquanto isso, Aquele Soldado entra de novo, refazendo o mesmo percurso do início. Também estranha a falta de vento, sua corda frouxa. Vai ajudar o Outro Soldado com o cata-vento.

Narrador (Sorveteiro) – O Sorveteiro, talvez porque fosse desatento e tivesse esquecido de que era coxo, pensou em convidar a Irmã Mais Velha para uma dança na festa de casamento.

Sorveteiro *(ensaiando, para o urso)* – Hoje, na festa do casamento, dança comigo?

NARRADOR (SORVETEIRO) – E, também porque era desatento, o Sorveteiro saiu de casa depressa, que o amor não pode esperar. Saiu para vender seus sorvetes.

O Sorveteiro sai de casa, passeia pela cidade, vendendo sorvete.

SORVETEIRO – Sorvete de abacaxi! Sorvete de abacaxi!

O Sorveteiro se encontra com o Carteiro, que vai lhe entregar um convite de casamento.

SORVETEIRO – Sorvete de abacaxi! Sorvete de abacaxi!

O Sorveteiro tapa a boca (simultâneo a todos que o escutam). Todos ficam imóveis por um segundo.
A Noiva desce do telhado, assustada com os gritos do Sorveteiro, espia por uma frincha, inclinada na parede da Casa.

Diante do Carteiro, que acha tudo muito estranho, o Sorveteiro percebe que ele consegue ouvir sua própria voz.

O Carteiro sai de bicicleta, assustado, desaparece. A Noiva tenta receber a carta, mas o Carteiro apenas a olha de longe.

narrador (Sorveteiro) – Então aconteceu uma coisa, uma grande coisa: ele se deu conta de que aquela coisa parada no ar era sua voz.

Os Soldados, assustados, observam do alto do poste. A Noiva espia atrás da Casa, procurando o Carteiro.

Sorveteiro *(sussurando)* – Aquela coisa triste era sua voz.
narrador (Sorveteiro) – Se ele reaprendesse a chorar, seria um outro dilúvio.

Os Soldados observam.

NARRADOR (OUTRO SOLDADO) – Aquele Soldado e o Outro Soldado ficaram muito espantados e acharam uma barbaridade porque se aquela gente pequena se pusesse a falar, então logo o rádio da cidade não seria mais útil. E se nunca voltasse a ventar, as cordas também não seriam úteis. E pouco depois nem eles.

Os Dois Soldados descem do poste e vão até o Sorveteiro que, falando sem parar, começa a bater palmas na frente da Casa da Irmã Mais Velha.

SORVETEIRO – Sorvete de abacaxi! Sorvete de abacaxi! A cidade sou eu, sou eu a cidade, meu amor.

Os Dois Soldados vão em direção ao Sorveteiro. A Irmã Mais Nova passa na Rua 2, em procissão, com uma santa na cabeça e desaparece atrás da Casa. A Casa gira, voltando a ser a Casa das Irmãs (Casa 2)

NARRADOR (AQUELE SOLDADO) – Os Soldados sabiam que ali, temporariamente, não se deveria cantar o amor.

Deslocamento Temporal.
Noite.
A Casa 2 no centro, a Irmã Mais Velha dorme, no ar.

III. As Duas Irmãs
(ou as mulheres da cidade)

Apenas a Casa das Irmãs acesa. Lá dentro, a Irmã Mais Velha está vestida com um terno, dormindo.
Outra vez amanhece a cidade, sem vento.
A Irmã Mais Velha continua a dormir. Fora da Casa, apenas a

Noiva que dorme no telhado, feito passarinho. E o Outro Soldado, de pé, mas adormecido. Dessa vez eles estão de costas, já que a cena toda está invertida.

NARRADOR (IRMÃ MAIS VELHA) – A manhã ficou azul. Nenhum desejo naquele domingo, a Irmã Mais Velha resolveu não se levantar. Lá fora, o vento abençoando os legumes. Desde uma noite antiga, há muitos anos, a noite em que seu pai tinha desaparecido, nunca mais tinha parado de ventar. Mas naquela manhã o mundo parou de repente, os cata-ventos ficaram calados. Domingo sem fim nem começo. Domingo sem vento.

A Irmã Mais Velha continua dormindo. Ela dança, sozinha, com o terno.

NARRADOR (IRMÃ MAIS VELHA) – Desde que o pai tinha desaparecido, a Irmã Mais Velha dorme abraçada ao que sobrou dele. O paletó que ela, costureira, tinha remendado tantas vezes. Ela, que não amava ninguém, se lembrava do pai debaixo de cada árvore fazendo sua cama, em cada cadeira pendurando seu paletó. Os olhos da Irmã têm melancolias, sua boca tem rugas daquilo que perdeu, do pai. Ninguém o sabia morto enquanto carpia o mato da fazenda. Alguns dizem que o pai tinha fugido com a esposa dAquele Soldado.

Aquele Soldado aparece no seu canto, de vigília, de costas.

NARRADOR (IRMÃ MAIS VELHA) – Outros, que tinham sido levados naquele dia em que começou a ventar para sempre. Mas hoje não ventava mais não.

Ouve-se, longe, a voz do Sorveteiro gritando: "Café!"

A Noiva e o Outro Soldado despertam com o grito. Estranham a falta de vento.

A Irmã Mais Velha também desperta.

NARRADOR (IRMÃ MAIS VELHA) – Ninguém tinha ouvido falar que era possível a rua acordar tão mudada. Os Soldados e os vizinhos não se conformavam.

A Irmã Mais Velha, talvez porque amasse demais o vinho, o conhaque e a vodka, ou porque estivesse ficando cega com tanto buraco de agulha, não podia acreditar que, além do pai, ela também tinha perdido a ventania. Justo no dia do casamento!

E depois de tantos anos, ao ouvir na manhã sem vento uma voz, ela se lembrou do pai montado a cavalo, voltando do campo. A mãe sentada na cozinha. A Irmã Mais Nova pequena dormindo. Ela sozinha já entre costuras que não acabavam mais, ouvindo o pai lhe dizer: "Lili, dá cá a agulha, na tua linha está o infinito".

E como talvez só ela soubesse que a vida tem dessas exigências brutas, levantou-se para costurar as roupas do casamento. As que faltavam.

Em sincronia com a Noiva no telhado, ela se arruma.

O Outro Soldado caminha e vai até o poste, tenta fazer o cata-vento voltar a funcionar.

NARRADOR *(Irmã Mais Velha, dançando com o terno)* – Talvez porque naquela manhã sem vento ela só conseguisse pensar no velho paletó do pai na casinha de alpendre com duas janelas melancólicas, a Irmã Mais Velha não percebeu que a Irmã Mais Nova não tinha dormido em casa.

A Irmã Mais Nova passa pela frente, carregando uma santa e dançando o black bottom.

NARRADOR (IRMÃ MAIS NOVA) – A Irmã Mais Nova não sabe o que está acontecendo, mas é possível que se soubesse nem ligasse. Ela não se lembrava do Pai e muito menos da cidade sem vento. Diziam que ela, beata, tinha passado a noite ajoelhada, rezando seu medo do ar parado. Mas o que não sabiam é que ela tinha ido dançar o *black bottom* nos clubes sem presépio. Tristeza não dançar sem vento, livre sem correntes, muito livre, infinitamente, livre livre livre que nem uma besta, que nem uma coisa.

A Irmã Mais Nova dança.
A Irmã Mais Velha continua em casa.
Enquanto isso, o Outro Soldado, que já está no poste, começa a observar a dança da Irmã Mais Nova. Ele se aproxima dela.

Os dois namoraram escondidos no poste.

NARRADOR (AQUELE SOLDADO) – A Irmã Mais Nova coça uma pereba bem acima do joelho. A saia não esconde a coxa sólida construída que ninguém repara. Os olhos se perdem na linha ondulada do horizonte próximo.

Enquanto isso, a Irmã Mais Velha continua a dançar em casa com o paletó no pai.

NARRADOR (IRMÃ MAIS VELHA) – A Irmã Mais Velha, dentro de casa, canta uma cantiga nem triste nem alegre, uma cantiga apenas doce. Só um mosquito rápido mostra inquietação com a falta de vento. A Irmã Mais Velha ergue o braço mole, enxota o importuno. Os séculos cheiram a mofo no paletó que sobrou do pai.

Aquele Soldado se aproxima do casal que namora no poste. Assustada, a Irmã Mais Nova para de dançar imediatamente, ajeita o vestido e segue em romaria, carregando a santa na cabeça.

Caminha em romaria e acaba subindo na parede da Casa.

NARRADOR (IRMÃ MAIS NOVA) – Sem ventania que lhe carregue, a Irmã Mais Nova sobe pelas paredes e vai deixando as culpas lá embaixo. Suspira rezas. Casas invertidas. A longa voz que sobe, que sobe o morro que sobe. Suspira manso, de amor.

NARRADOR (IRMÃ MAIS VELHA) – Sem ventania que traga de volta o pai, a Irmã Mais Velha deseja – tão azul – que o pai pudesse estar na festa de casamento. Ela tinha chorado por tantas ventanias sem amar ninguém, mas agora que não tinha mais vento nem lágrimas queria é dançar com o pai, mesmo que ele não estivesse mais, mesmo que não fosse mais. Aquela dança era sua cachaça.

No telhado, a Noiva acorda. As três mulheres dançam. A Irmã Mais Nova dança o black bottom *ao redor da Casa, pelas paredes. A Irmã Mais Velha dança com o paletó do pai, dentro de casa. A Noiva dança sobre o telhado.*

NARRADOR (NOIVA) – Se elas reaprendessem a chorar, seria um outro dilúvio.

O Sorveteiro grita.

SORVETEIRO – Sorvete de abacaxi!

As três se assustam. A Noiva cai do telhado. A Irmã Mais Velha para.
O Carteiro, trazendo um convite de casamento, cruza a cidade com a bicicleta e se encontra com o Sorveteiro.

Sorveteiro – Sorvete de abacaxi!

A Irmã Mais Nova se assusta e quase deixa cair a santa. Ela se esconde atrás da Casa. O Carteiro sai de bicicleta, assustado com a voz do Sorveteiro. Os Soldados, assustados, observam do alto do poste. A Noiva passa correndo ao redor da Casa, como se procurasse o Sorveteiro.

narrador (Irmã mais Velha) – A Irmã Mais Velha ficou muito espantada e achou uma barbaridade porque se aquela gente pequena se pusesse a falar, então logo o rádio da cidade não seria mais útil. E se nunca voltasse a ventar, as cordas também não seriam úteis. E talvez ela pudesse ir para o vasto mundo, junto com o pai.

Sorveteiro – Sorvete de abacaxi! Sorvete de abacaxi! Hoje, na festa de casamento, dança comigo?

Os Dois Soldados descem do poste e vão até o Sorveteiro, que, falando sem parar, começa a bater palmas na frente da Casa das Irmãs.

Os Dois Soldados vão em direção ao Sorveteiro.

O Outro Soldado muda sua trajetória e também desaparece atrás da Casa, seguindo a Irmã Mais Nova.

A Irmã Mais Velha sai na janela, assustada.

A Casa gira. Podemos ver, ao mesmo tempo, a Casa do Soldado e a Casa das Irmãs. Estão em cena, de um lado da Casa, apenas a Irmã Mais Nova e o Outro Soldado. E, do outro, a Irmã Mais Velha, Aquele Soldado e o Sorveteiro.

O Outro Soldado e a Irmã Mais Nova, tímidos, namoram na parede da Casa.

NARRADOR *(Aquele Soldado, simultâneo a ele mesmo e ao Outro Soldado)* – Não se cantaria o amor que se refugiou mais abaixo dos subterrâneos.

NARRADOR *(Irmã Mais Nova, simultânea a ela mesma e ao Sorveteiro)* – Mas se não fosse ele que graça que a vida tinha?
NARRADOR *(Aquele Soldado, simultâneo a ele mesmo)* – Soldado de bigode sabe brigar.
NARRADOR *(Irmã Mais Nova, simultânea a ela mesma)* – Moça bonita sabe namorar.

Enquanto o Outro Soldado e a Irmã Mais Nova continuam a dançar/namorar por um tempo, o Sorveteiro tenta presentear a Irmã Mais Velha com o urso. Ela rejeita o presente.
Aquele Soldado observa.

NARRADOR (IRMÃ MAIS VELHA) – A Irmã Mais Velha não amava ninguém. No entanto, o amor estava vivo lá dentro, inquieto. Ele está lá dentro e não quer sair. Mas aquele barulho, como um latido de cão bravo, inunda a sua vida inteira.

A Irmã Mais Velha expulsa o Sorveteiro com seu latido. Ela é contida por Aquele Soldado.
As Duas Irmãs e os Dois Soldados dançam nas paredes.
O Sorveteiro fica sozinho, se desamarra e sai, carregando o urso.

NARRADOR (SORVETEIRO) – E o amor repetindo o mesmo ritmo: briga-volta, volta-briga. Sozinho, na varanda das Irmãs, o Sorveteiro engole sua derrota.

O Sorveteiro sai. Aquele Soldado tenta segurar a Irmã Mais Velha. Os dois se abraçam e começam a dançar, em sincronia com o outro casal.

NARRADOR (AQUELE SOLDADO) – Aos dois, dançar o que perderam era o que restava. Aquele Soldado não tem mais ritmo, a Irmã Mais Velha não tem o pai Raimundo mais não.

narrador (Irmã Mais Velha) – E os corpos se enrolam ainda mais. Cada um deles tem um pedaço de passado. Mas o presente vem de mansinho, de repente dá um salto: cartaz de cinema com fita americana.

Os dois casais continuam a dançar até que entram em casa.
A Casa gira com a dança dos casais.
Deslocamento Temporal.
Noite. A cidade vazia.
A Casa do Soldado ilumina-se, devagar.

IV. Os Dois Soldados
(ou como a cidade se mantém amarrada)

Ainda é noite. Aquele Soldado em casa retira seu uniforme. Deita na horizontal, insone. Permanece jogando pedras pela janela, enquanto a cidade dorme.

E outra vez: amanhece a cidade.

NARRADOR (AQUELE SOLDADO) – A manhã ficou azul. Nenhum desejo naquele domingo, nenhum problema nessa vida. Lá fora, não havia mais o vento (falha no rádio). Desde uma noite antiga, há muitos anos, Aquele Soldado não dorme mais não. Passa as noites jogando pedras no meio do caminho para recolher no dia seguinte. Desde a noite em que sua esposa tinha fugido para o vasto mundo na garupa de um Raimundo. Só o que ela tinha deixado era uma carta cheia de perfume e de letras mal desenhadas.

O Carteiro aproxima-se em sua bicicleta e lhe entrega o convite de casamento.

NARRADOR (CARTEIRO) – Domingo sem fim, nem começo.

O Carteiro acorda a cidade distribuindo os últimos convites do casamento. Casamento que deveria ser seu. Seu futuro confiscado naquele domingo sem vento (falha no rádio).

O Carteiro se afasta. Aquele Soldado recebe o convite e abre. Começa a se lembrar da esposa que partiu.

narrador (Aquele Soldado) – Aquele Soldado olhava o convite de casamento e se lembrava do dia em que sua vida parou (falha), daquela carta que o avisava do fim. Ele nunca se esquecerá daquele episódio na vida de suas retinas. Nunca se esquecerá que no meio do caminho tinha uma pedra. E depois mais nada.

O rádio falha.
Flashback: *Aquele Soldado, em REW, refaz o momento em que*

descobriu a carta da esposa, que o abandonava. Pega a carta amassada, a amassa, a lê, a recebe, nessa ordem.

O rádio volta. Ele volta para o tempo presente, deitado, insone.

NARRADOR (AQUELE SOLDADO) – Aquele Soldado tem razão de sentir saudade, tem razão de acusar Raimundo que levou embora sua esposa. Tem saudades e a ele não deixaram sequer o direito de indagar. "Por que, por que te foste?"

Aquele Soldado continua acordado, chorando. Ele é acariciado por suas memórias.

NARRADOR (AQUELE SOLDADO) – Uma sombra veio e o abraçou com tanto amor. Ele a beijou, ela o consolou. Depois riu baixinho, deixou uma carta de adeus e saiu. Fechou a porta. Ouviu seus passos na estrada. Depois mais nada, acabou.

O Sorveteiro gritando "Café" desperta o Soldado.

A cidade desperta novamente, do mesmo modo que antes. Aquele Soldado veste sua farda.

Enquanto isso, o Outro Soldado desperta e olha o cata-vento, muito preocupado.

NARRADOR (OUTRO SOLDADO) – O Outro Soldado nunca tinha ouvido falar que era possível a rua acordar tão mudada. Um cata-vento parado é uma das coisas mais perigosas da vida. A vida parou, justo no dia do casamento!

O Outro Soldado, com medo do vento, caminha agarrado à Casa, tentando ir em direção ao cata-vento. Ele tenta, sem se desprender da Casa, alcançar uma corda que o leve até o cata-vento. Ele vai dando indicações a si mesmo.

NARRADOR (OUTRO SOLDADO) – O Outro Soldado, que nem uma coisa, se agarrou à cidade. O Outro Soldado sabe que a liberdade é uma coisa que faz muita poeira. Por medo da bagunça, prefere a arrumação.
(Falha) Um passo curto: atenção, siga sem vento. Dois giros breves: pare. Um passo no escuro: observe o cata-vento. Um movimento longo: Soldado em marcha. Soldado a postos. A este sinal, o Outro Soldado toma sua corda para se movimentar imediatamente.

O Outro Soldado vai caminhar até o cata-vento, mas sua corda se desprende. Ele cai, fica enrolado em toda a corda, sem saber o que fazer, em desespero.

NARRADOR (OUTRO SOLDADO) – Tremia na cidade uma fascinação, casas compridas sem vento, mil possíveis presentes aos homens pequenos, o coração do outro Soldado bate forte. De medo.

Aquele Soldado percebe o problema do Outro Soldado, sai pela janela de sua casa e vai até ele, também com medo. Os dois estão parados, sem saber o que fazer, tentando arrumar as cordas soltas.

NARRADOR (AQUELE SOLDADO) – (rádio falha) E agora, Soldado?
O vento acabou (falha),
o povo ainda não acordou (falha),
e agora, Soldado? (falha)
NARRADOR (OUTRO SOLDADO) – E agora, Soldado?
Você que é viúvo, que não sabe voar,
você que não protesta?
e agora... você... (longa falha)

O rádio começa a falhar cada vez mais nas últimas narrações até virar um forte zumbido. Com o forte zumbido, todos saem de suas casas, olhando o rádio.

A cidade está com medo.

O rádio para. Longo silêncio.

A cidade em suspensão.

Ninguém sabe o que dizer.

V. A cidade livre
(ou paisagem sem fim nem começo)

Depois de um tempo parados, os Dois Soldados começam a tentar ajeitar as cordas, arrumar o rádio.

Em meio à sua confusão de cordas e ações, os Dois Soldados conseguem falar. Eles se assustam com a própria voz.

Ao perceber isso, os outros habitantes da cidade também começam a falar. O primeiro a falar é Aquele Soldado, dizendo algo como "O rádio parou...".

Todos se assustam, apenas o Sorveteiro sorri. Logo, todos começam a falar, sussurrando poemas, ouvindo suas próprias vozes pela primeira vez, tapando a boca, com medo.

O Carteiro, então, sai de sua bicicleta e percebe que não precisa mais das cordas.

Aos poucos, todos vão se livrando de suas cordas também, sem nunca parar de murmurar.

Os Dois Soldados tentam, a todo custo, prender as pessoas de volta, mas eles já estão caminhando, livres que nem bestas, que nem coisas.

Os habitantes livres, entre movimentos e falas inéditas, giram a Casa.

A Casa do Carteiro aparece.

Todos estão caminhando pela cidade, livres, agora sem medo do vento, murmurando suas próprias vidas. Felizes, ou quase.

O Carteiro pega sua bicicleta e vai até sua Casa. Entra.
A cidade continua a caminhar, em silêncio.

VI. O Carteiro
(ou quando o ar parado carrega más notícias)

O Carteiro entra em casa.

Carteiro – Agora que o rádio não conta mais a vida daquela gente pequena, só quem ainda estava calado era o Carteiro. Sempre preferiu as letras bem desenhadas no papel. Certas palavras se escondem em cartas.

O Carteiro retira as cartas de sua bolsa e as olha. Retira uma pequena caixa de músicas de uma caixa e a faz tocar.

CARTEIRO – Sozinho em casa, o coração do Carteiro é muito pequeno. Os homens estão lá fora, estão na rua. A rua é enorme. Maior, muito maior do que esperava. Sozinho em casa, o Carteiro era do tamanho do mundo. O mundo era ele e seus amores. Ele e os convites do casamento. Ele e seu amor pela Noiva. Ele e a última carta de J. P. Fernandes.

O Carteiro abre a carta de J. P. Fernandes. Lê um trecho da carta.

CARTEIRO – "Tive fazendas, tive cercas, tive dinheiro. Hoje sou só um funcionário público. Você é só uma fotografia na parede. Não vou entrar na sua história".

O Carteiro fica transtornado com a carta que lê. Prepara suas coisas pra sair de casa.

CARTEIRO – J. P. Fernandes não entrou na história, faltou no dia de seu casamento. Agora que não há mais rádio, agora que eles são do tamanho do mundo, chegou o tempo em que a vida é uma ordem. E ele, Carteiro, leva as notícias. Não há outra forma de amar.

O Carteiro sai de casa, em sua bicicleta. A cidade inteira movimenta a Casa até o fundo da cidade. Como se a Casa se afastasse dele, o Carteiro continua em sua bicicleta.

A Casa para. É a Casa das Irmãs que, provisoriamente, pode ser a Casa da Noiva.

Ele vai de bicicleta até lá, a Noiva está dentro de casa, à espera da carta de J. P. Fernandes.

Apenas o Carteiro e a Noiva em cena.

VII. A Noiva no Ar
(ou como J. P. Fernandes não entrou na história)

A Noiva recebe a carta do Carteiro.

Noiva – Quero me casar hoje, na rua ou no céu. Quero me casar.

O Carteiro tapa a boca da Noiva, interrompendo o que ela diz.

Carteiro – Tristeza de Carteiro é saber um segredo e não contar a ninguém: que a vida não presta.

O Carteiro sai, deixando a Noiva sozinha com a carta de J. P. Fernandes. Ela lê a carta.

Noiva – "Amar tudo, até mesmo nossa falta de amor. E no amor seco, encontrar a sede infinita. O mundo sou eu. Você se casa sem noivo. Se meu verso parece torto, foi seu ouvido que o inventou. J. P. Fernandes".

A Noiva entra em casa, sem saber o que fazer. Rasga a carta. Enquanto isso, a cidade se veste para a festa de casamento, que não irá acontecer.

Noiva – A festa acabou, o noivo não vem. E agora? O noivo não veio, os presentes não virão, o rádio parou e tudo mofou. E agora, Noiva? Queria fugir com o vento. Vento não há mais. E se você gritasse pela cidade, se você fugisse, se você morresse? Mas você não morre, você festeja.

Ela dança com as cartas rasgadas.
Coreografia da cidade se vestindo.

A cidade inteira já se arrumou com a ajuda das Irmãs.
Apenas a Irmã Mais Velha ainda não está vestida.
Devagar, ela se veste com o terno do pai.

Irmã mais Velha – Tudo aquilo que ela não tinha sido, tudo aquilo que ela não escolheu ser, preenchia o que ela era hoje. Na festa do casamento.
Para tocar na festa, o rádio sendo consertado. Para trazer o pai de volta, o paletó cheirando a ontem. Para imaginar o pai no vasto mundo, taças de conhaque. E, para rimar com a festa sem vento, hoje ela se chamaria Raimundo.

A Irmã Mais Velha se veste como pai, de terno. A cidade inteira vestida para a festa, enquanto a Noiva está sozinha em casa.

VIII. A Festa
(ou como J. P. Fernandes não entra na história)

As Duas Irmãs correm para arrumar a Noiva enquanto os homens se juntam para arrumar o rádio.

Os homens finalmente conseguem fazer o rádio voltar a funcionar. O rádio volta a tocar a música da festa e fragmentos de textos já ditos antes, como pensamentos dispersos que percorrem a festa.

O rádio não vai mais parar de tocar durante toda a festa.

Os homens observam as Irmãs vestirem a Noiva.

A Noiva é vestida para o casamento.

NARRADOR (CARTEIRO) – (falha) Procuro uma Noiva, uma Noiva no Ar, Noiva feito passarinho. (falha)

A primeira a chegar na festa é a Irmã Mais Nova, que começa a dançar seu black bottom.

narrador (Irmã Mais Nova) – (falha) Livrai-me Senhor desse amor que eu tenho sem ter ninguém. (falha)

Os homens começam a arrumar a festa, mudando coisas de lugar, pendurando lâmpadas, removendo cordas.

narrador (Outro Soldado) – (falha) Dança, como rebola, a coxa sólida. (falha)

Todos dançam na festa. Pegam a Noiva. Eles não param de falar. O rádio continua a soltar fragmentos já ouvidos, pensamentos voando pela festa.

narrador (Noiva) – (falha) Essa vida não presta (falha) vasto mundo. (falha)

Todos dançam com a Noiva, menos o Carteiro.

NARRADOR (SORVETEIRO) – (falha) Soldados que marcham, moças bonitas (falha) para namorar, para brigar. Só eu não brigo. Só eu não namoro. (falha)

Todos se cansam de esperar pelo noivo. Eles param de dançar. A festa é um fracasso. A Noiva fica no canto da festa, ainda com esperanças de que J. P. Fernandes irá aparecer.

NARRADOR (CARTEIRO) – (falha) Acabou, o noivo não vem. E agora você, o noivo não veio. (falha) Veio, (falha) tudo mofou. (falha)

Os habitantes da cidade começam a rir da Noiva e a cochichar sobre a ausência do noivo.

NARRADOR (AQUELE SOLDADO) – (falha) Nem acabou de acontecer e já é notícia. O noivo não vem. (falha)

A cidade forma um coro que avança sobre a Noiva, até que ela se junta a eles.

E todos, desiludidos – sem vento, sem noivo, sem esposa, sem pai, sem festa de casamento –, bebem juntos.

NARRADOR (IRMÃ MAIS VELHA) – (falha) Esse conhaque deixa a gente emotivo como o diabo. (falha)

Todos voltam a dançar, bêbados.
A Noiva começa a dançar muito rapidamente, de forma muito violenta.
A cidade inteira para para observar.
Alguns ainda tentam resgatá-la, consolá-la, mas ela continua a dançar.
O rádio começa a falhar muito, muito ruidoso, muito alto. A Noiva continua.
Todos parados, observando.

O rádio ruidoso.
O cata-vento volta a girar.

IX. A Noiva no Ar
(ou quando o vento traz uma pequena tragédia)

Volta a ventar muito forte, a cidade inteira se assusta e corre para se amarrar. Menos a Noiva, que continua a dançar, em transe.

Grande ventania que faz com que todos voem, se agarrem ao poste, sejam arrastados. O rádio ruidoso, o vento forte levando as pessoas. Todos tentam se esconder dentro da Casa.

O Carteiro ainda tenta resgatar a Noiva, que continua a dançar, sem ser carregada pelo vento.

Aquele Soldado puxa a Noiva até a Casa. Ela se segura no telhado. O vento continua um tempo. Com a força do vento, um pedaço do telhado em que a Noiva se segura é arrancado. A Noiva voa para o ar, é levada pelo vento.

A cidade, assustada, observa a Noiva dançar no ar, como se dançasse com o vento.

O Outro Soldado sobe no poste para tentar resgatá-la, mas ela já está alta demais, voando para o vasto mundo.

De dentro da Casa, os outros observam.

NARRADOR (OUTRO SOLDADO) – Ali era uma cidade de gente minúscula, no meio do vento. Alguns, que tinham conseguido se salvar dali, mandavam cartas com a notícia de que o mundo, o grande mundo, estava crescendo todos os dias. Mas aqueles poucos que ficaram não acreditavam: eles eram do tamanho do que viam. Ali não se deveria cantar o amor. Cantavam o medo grande do céu, o medo das manhãs, o medo dos soldados, o medo do cata-vento, o medo da reza. Cantavam o medo do vento e o medo de depois do vento. Ali se morreria de medo e sobre seus túmulos nasceriam flores medrosas.

Ali, olhando o céu, a Noiva no Ar feito passarinho, levada ninguém sabe para onde, eles sabiam do seu tamanho. Ali era uma cidade de gente minúscula.

A Noiva é levada para o vasto mundo. Luz vai se apagando sobre eles, que ainda observam o céu, amarrados à Casa.
O cata-vento continua a girar.
Fim.

Menor que o Mundo
2012

FICHA TÉCNICA

Concepção do projeto
Cia. Cênica Nau de Ícaros

Dramaturgia e Direção
Leonardo Moreira

Intérpretes Criadores
Cia. Cênica Nau de Ícaros (Alvaro Barcellos, Beatriz Evrard, Celso Reeks, Erica Rodrigues, Letícia Doretto, Marco Vettore e Roberto Haathner)

Assistente de Direção
Aura Cunha

Cenário
Marisa Bentivegna

Figurinos
Chris Aizner

Música Original
Marcelo Pellegrini

Iluminação
Wagner Freire / Armazém da Luz

Visagismo
Leopoldo Pacheco

Fotos
Chris von Ameln

Direção de Produção
Bel Gomes

Administração
Alvaro Barcellos

Coordenação Geral do Projeto
Marco Vettore

Agradecimentos

Carlos Drummond de Andrade, Abigail Tatit, Ana Luiza Leão, Bete Lenza, Daniel Penteado de Castro, Dr. Ling Tung Yang, Gafa, Gustavo Lenza, Jean Marcel Silva, Julia Santos, Julieta, Léo Pacheco, Mafikay, Marcelo Pessoa, Maria Piedade, Melissa Vettore, Mercedes Doretto, Mestres do Corpo e da Alma, Nilton Aizner, Paulo Puterman, Roberto Alencar, Rodrigo Penteado, Sandra Cuttar, Sergio Serapião, Valdir Rivaben, dona Zenaide, Escola Oswald de Andrade e Oficina Cultural Oswald de Andrade.

Dedicamos esses 20 anos de festa a todos os integrantes desta nau desde sua fundação, a José Wilson Moura Leite, Danielle Finzi Pasca, Dique James, Sergio Coelho, Naum Alves de Souza, Paulo Rogerio Lopes, Leopoldo Pacheco, Fabio Malavoglia, Miriam Druwe, José Possi Neto e todos os colaboradores na criação dos diversos espetáculos, aos amigos, familiares, alunos e, principalmente, ao nosso público que nos ajudou a chegar até aqui.

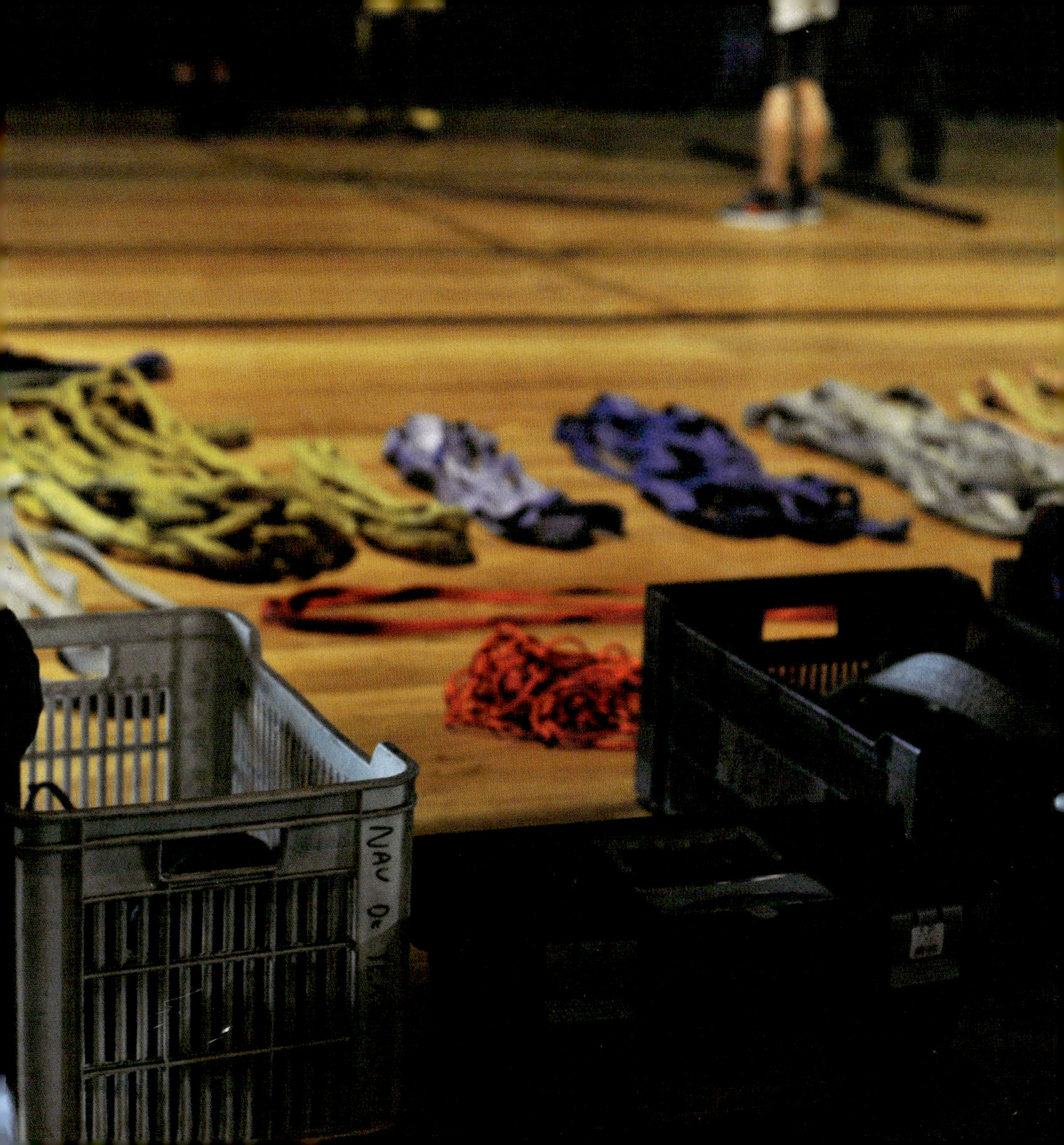
NAV

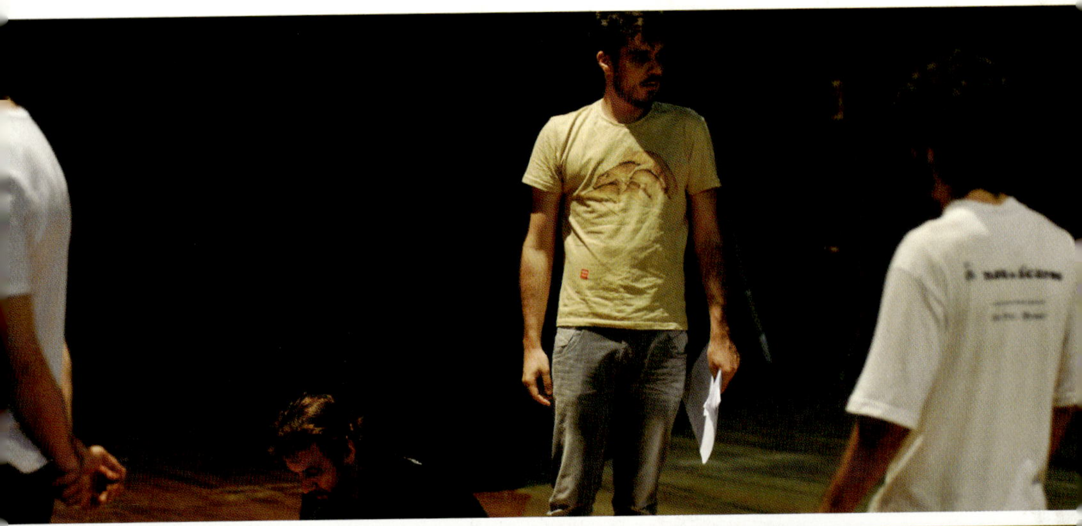

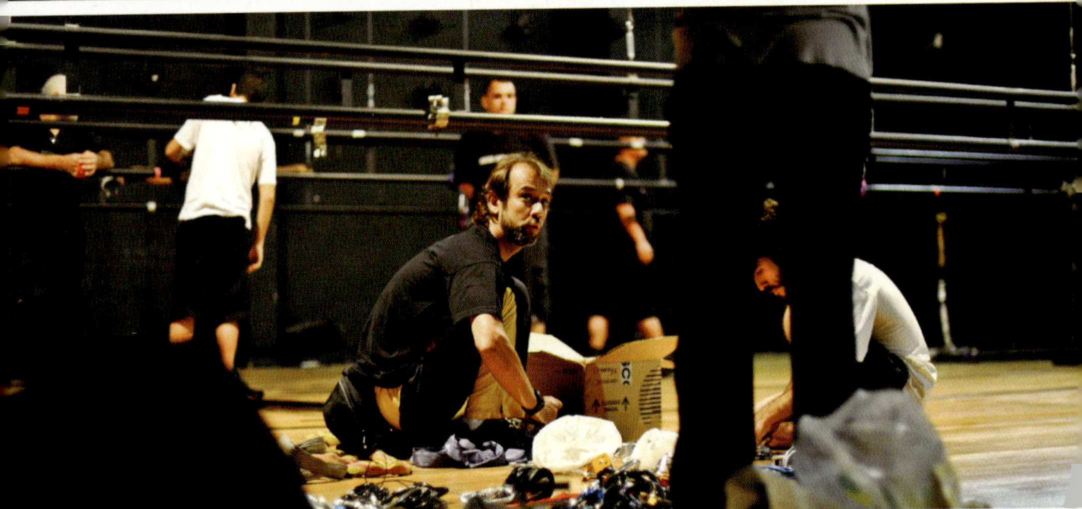

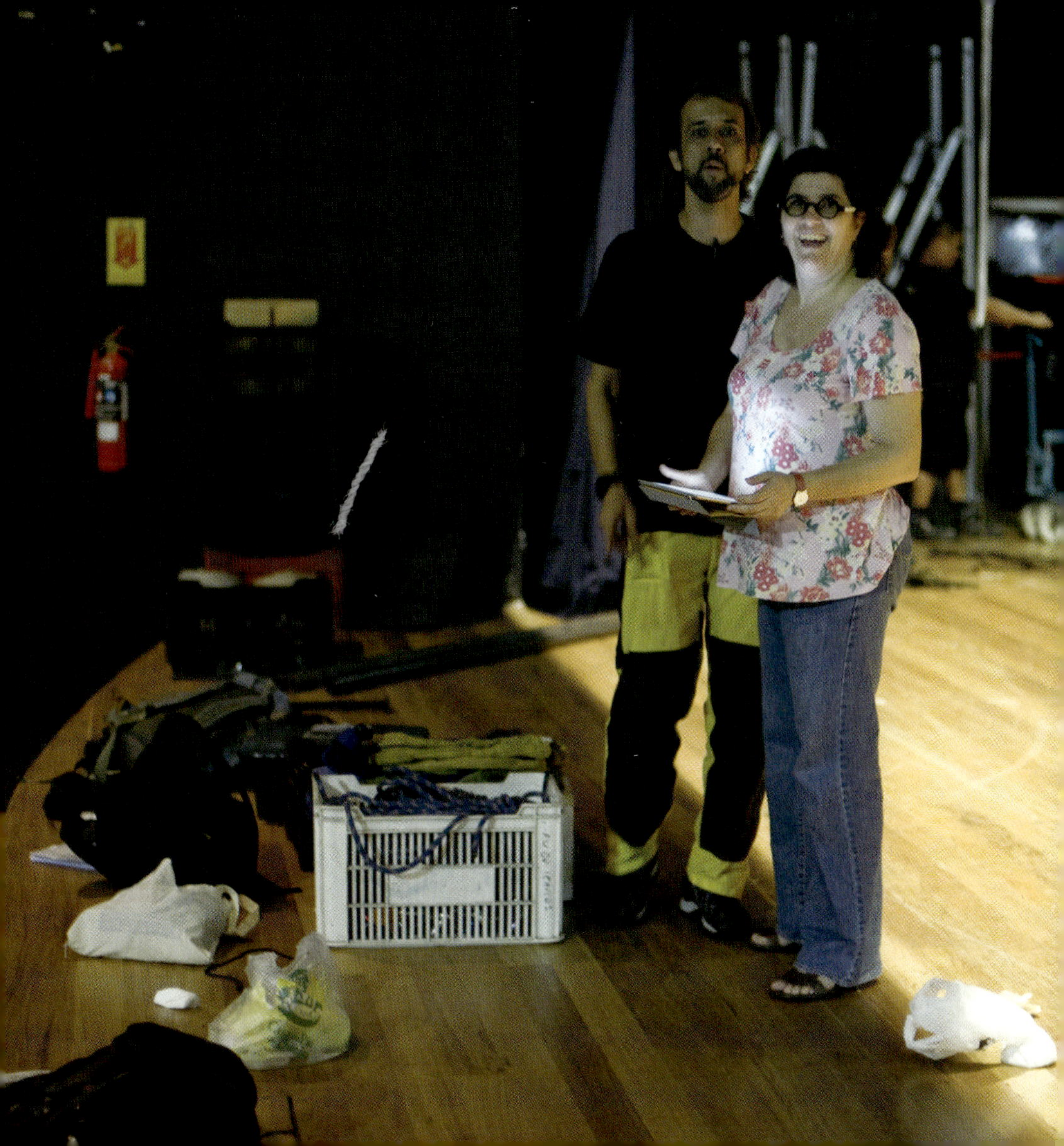

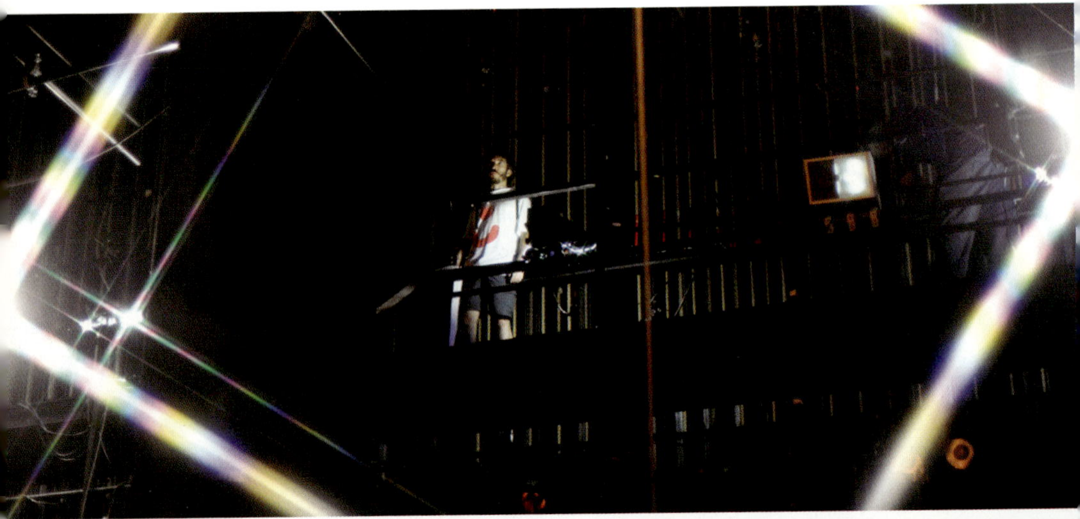
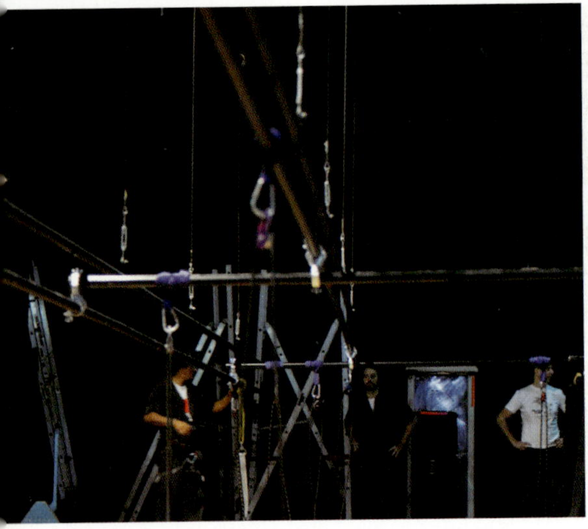
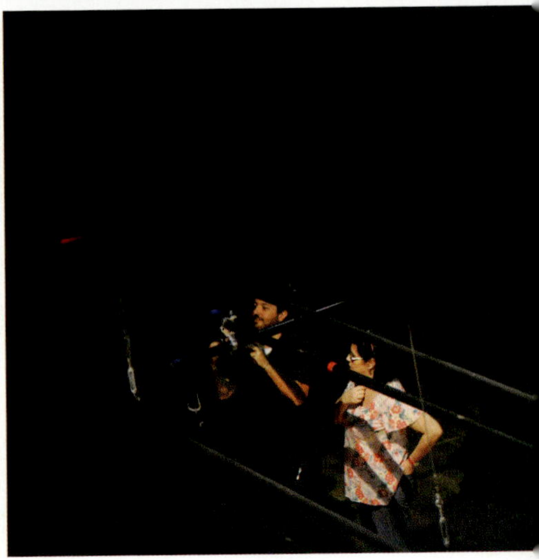

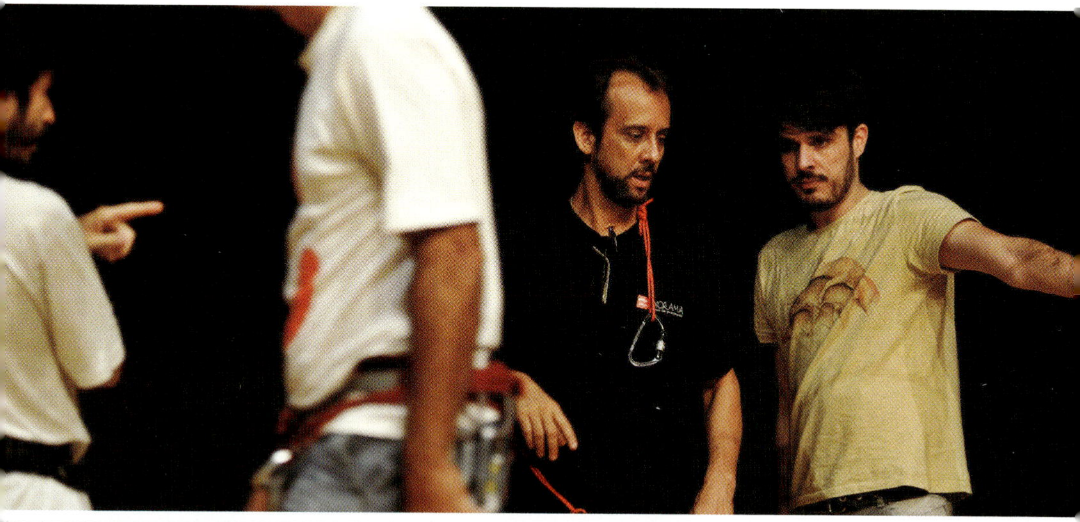

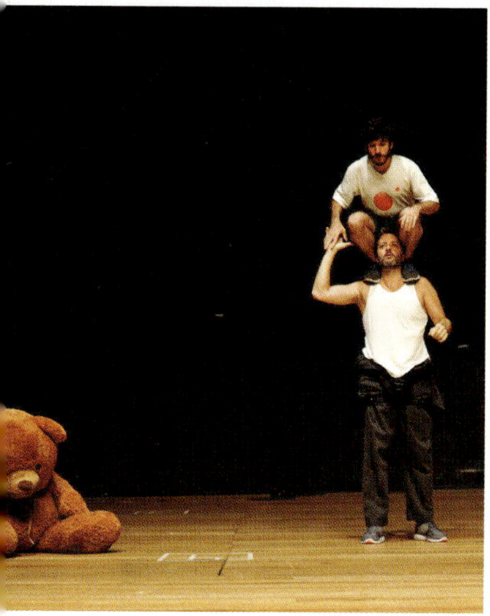

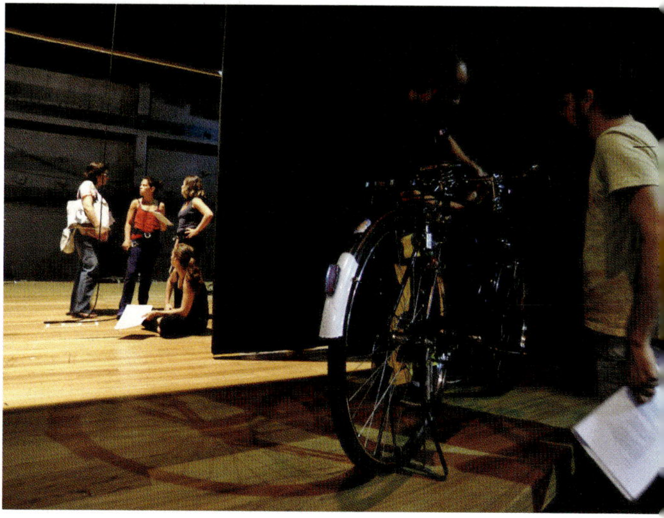

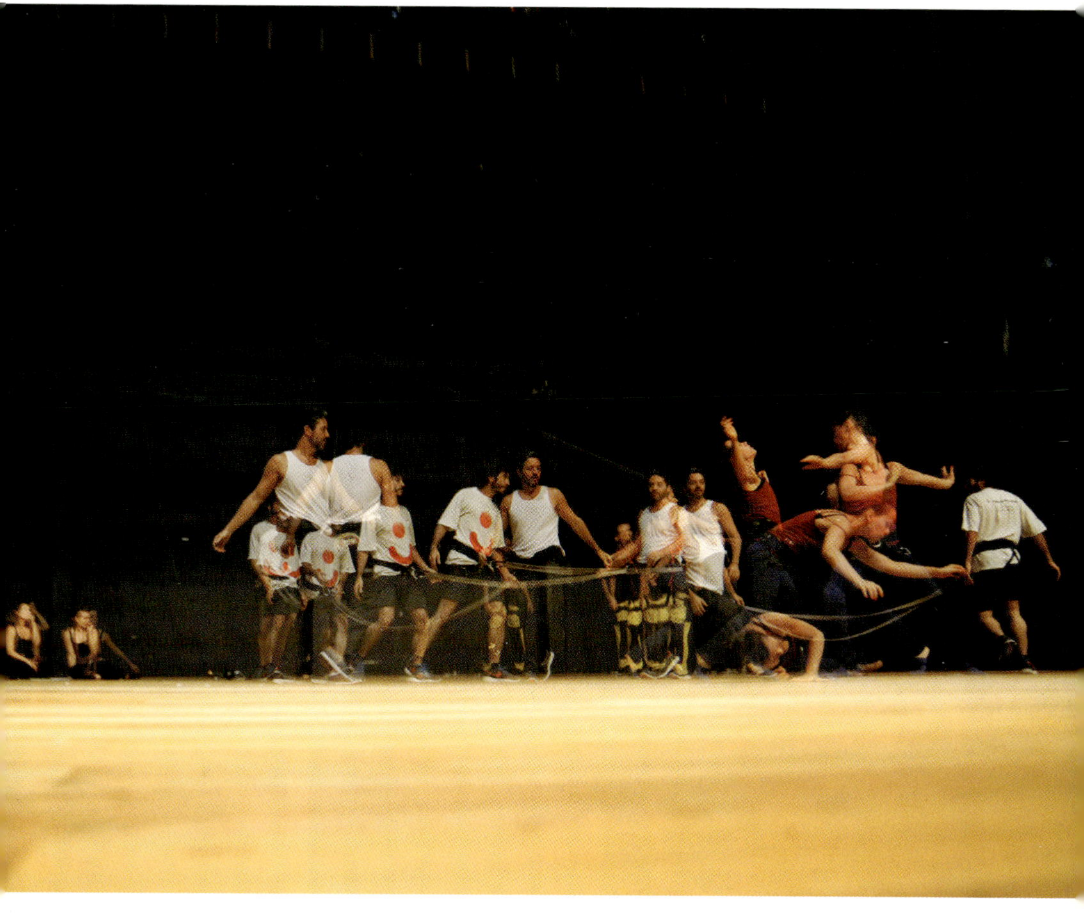

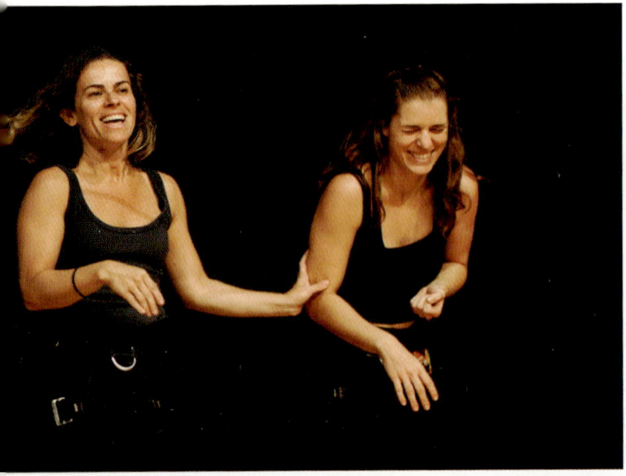
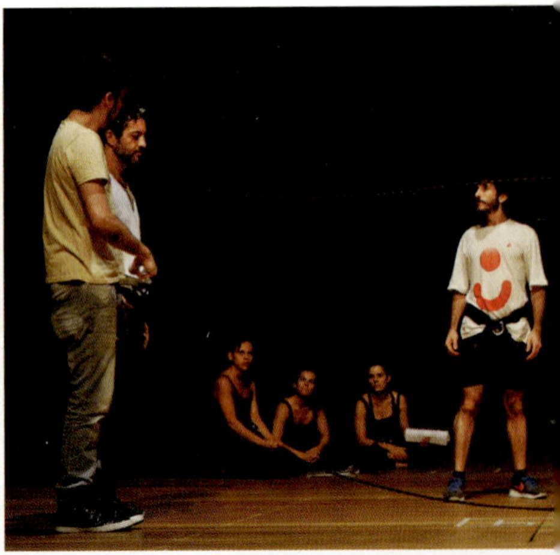
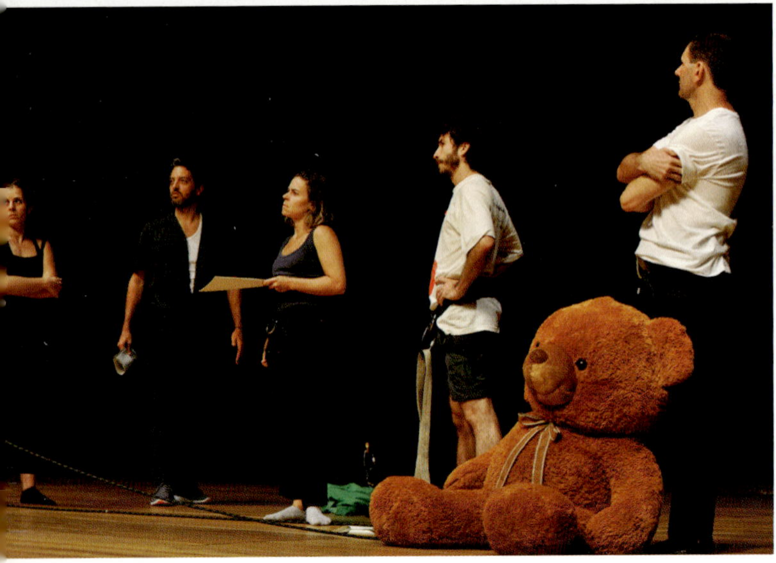
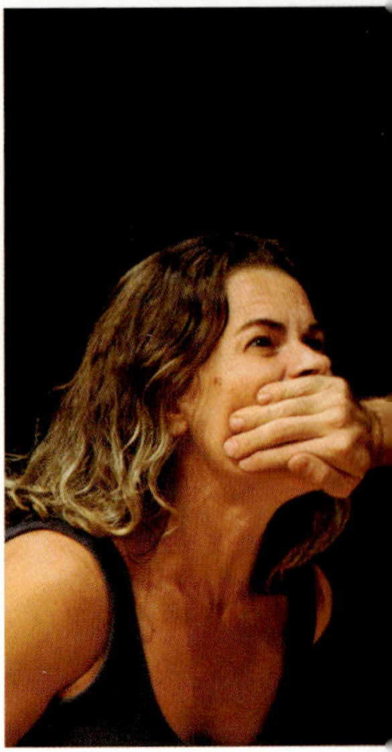

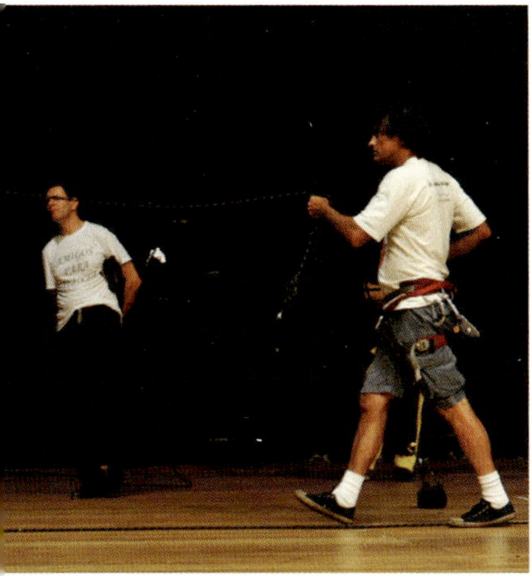
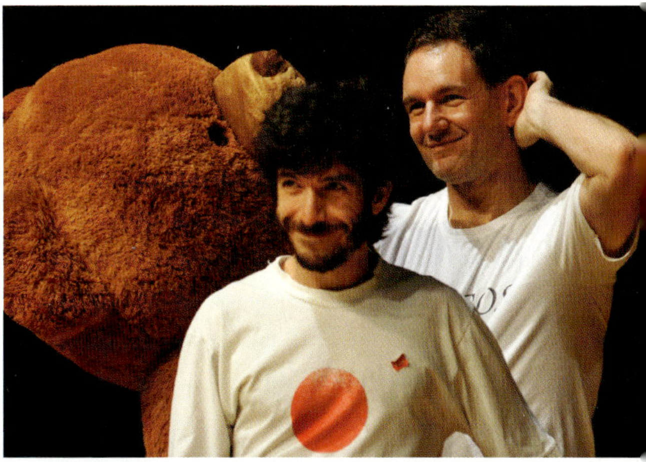
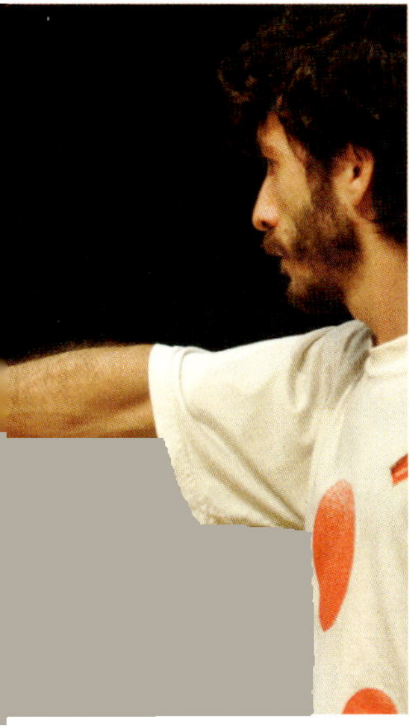
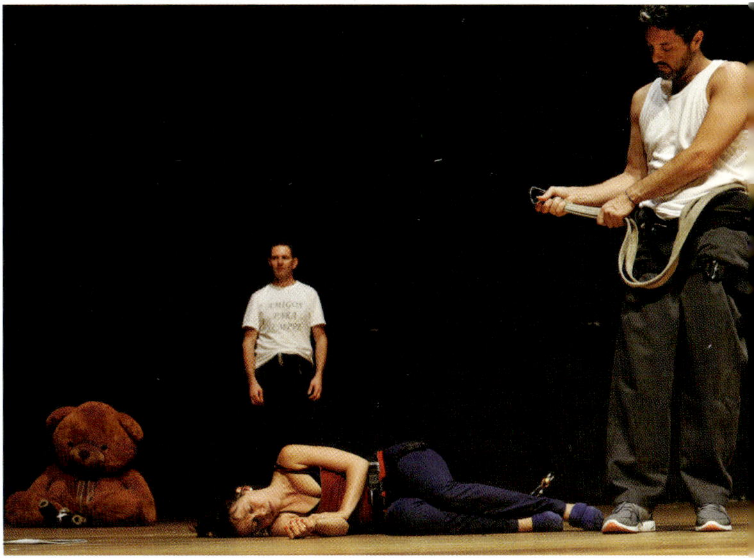

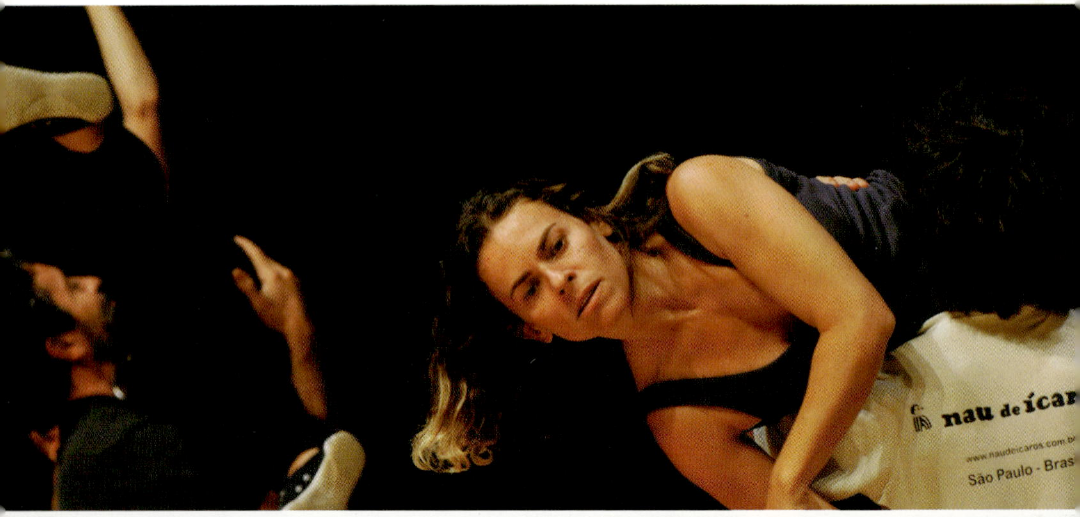
www.naudeicaros.com.br

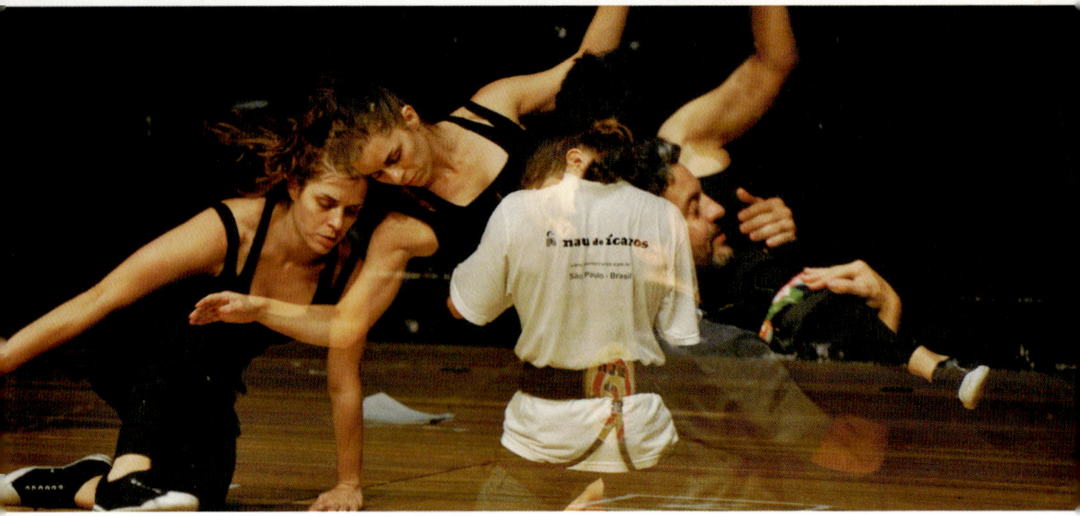
nau de ícaros
São Paulo - Brasil

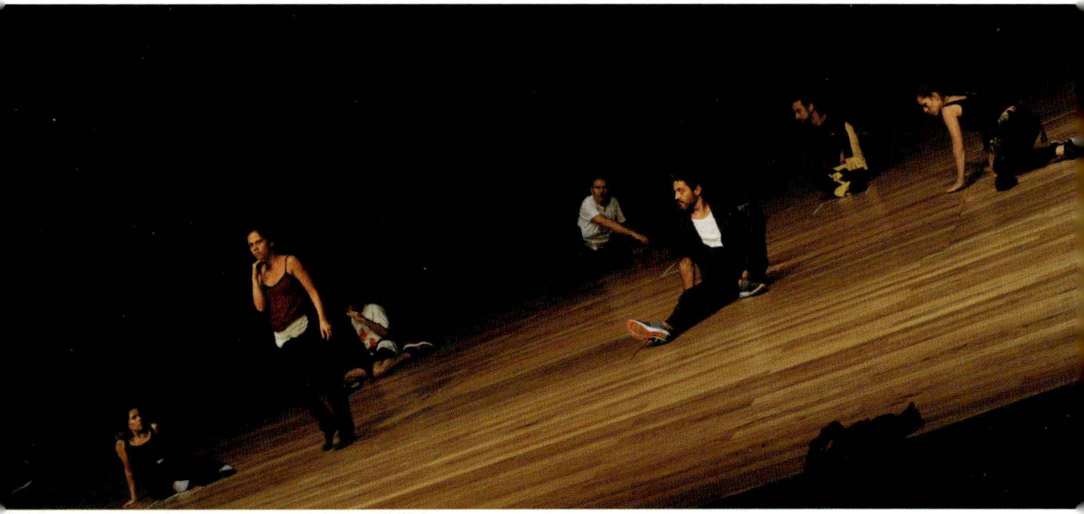

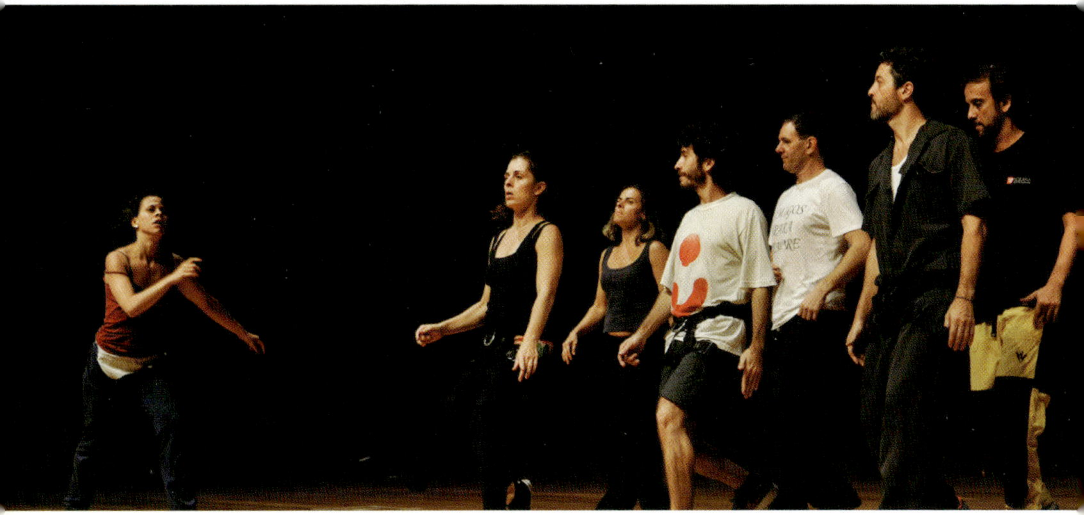

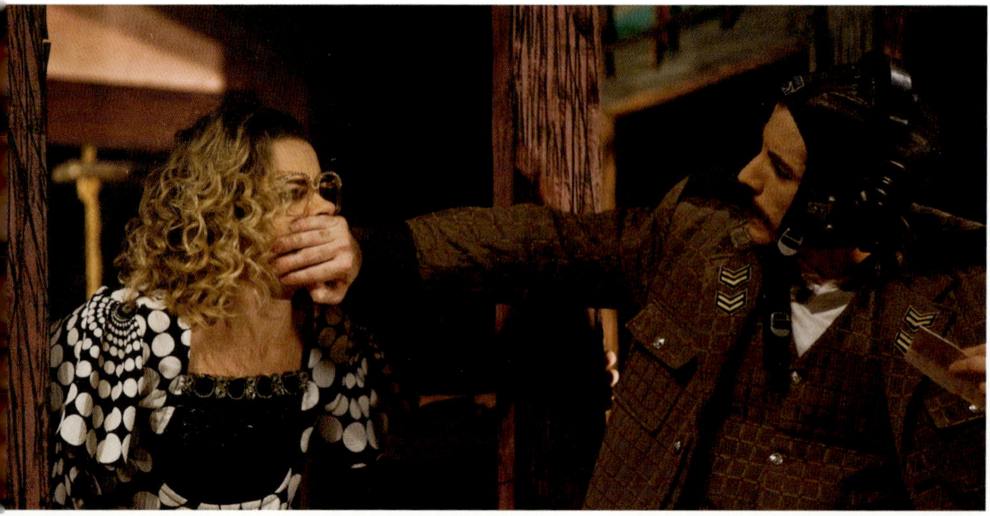
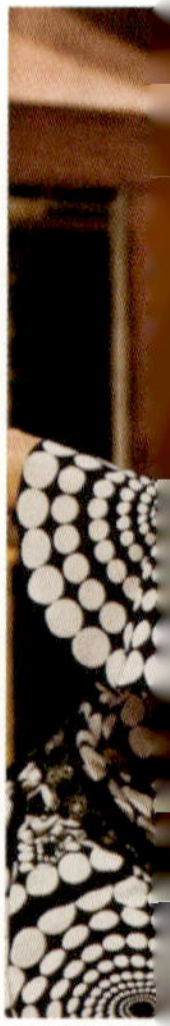
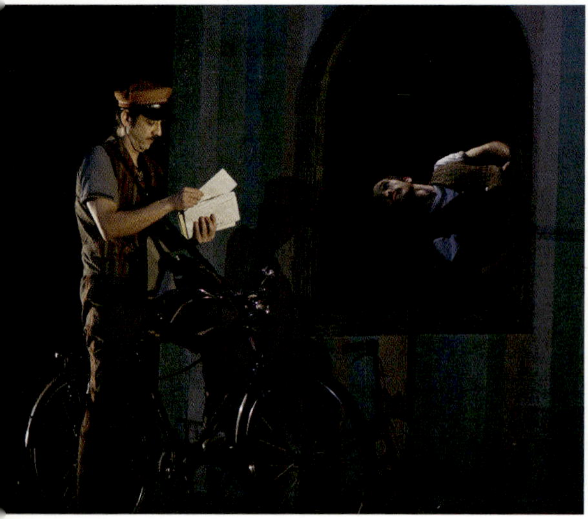
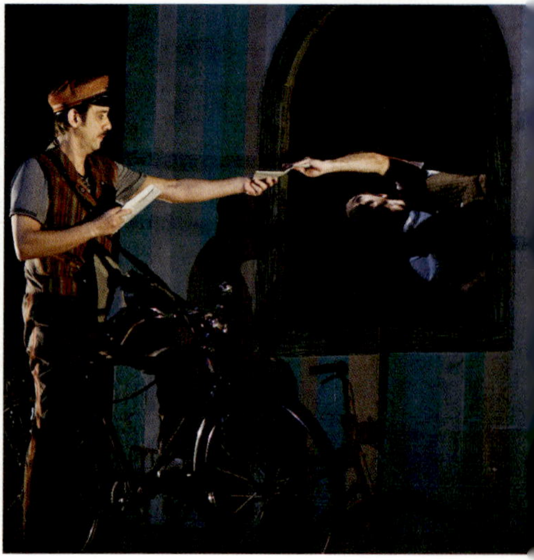

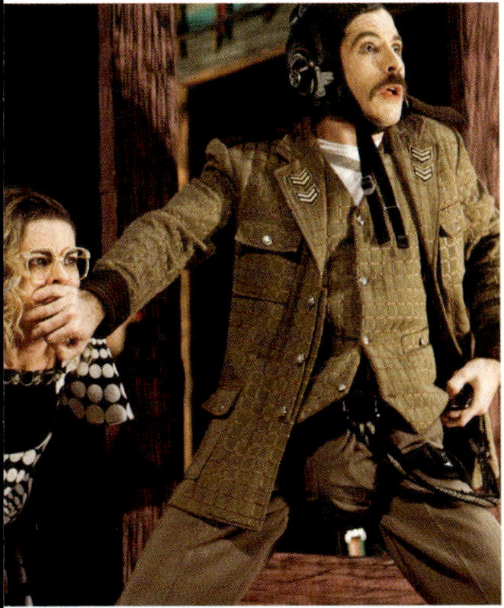

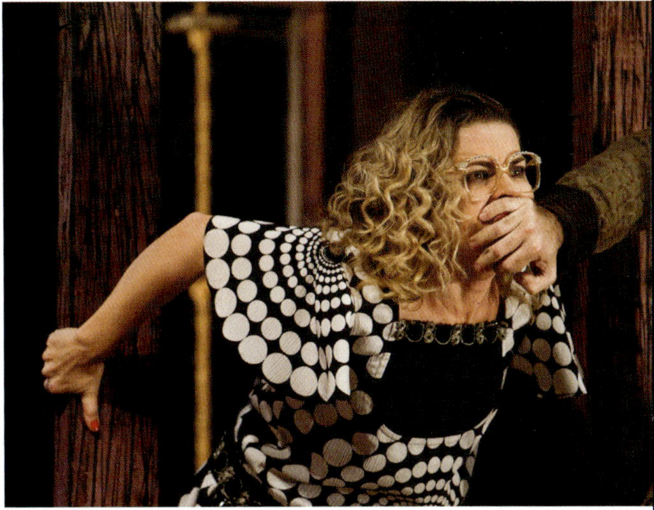

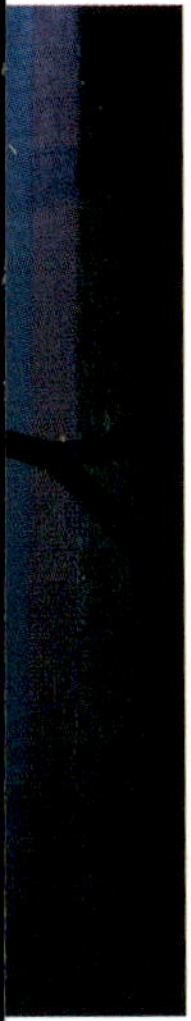

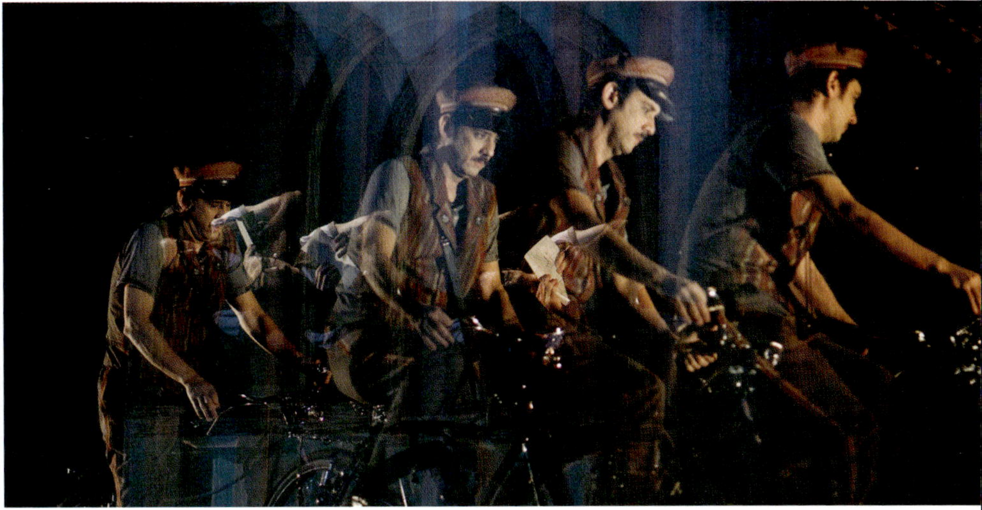

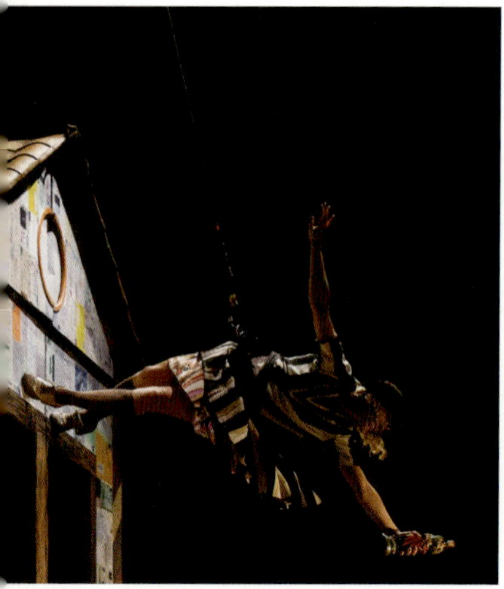
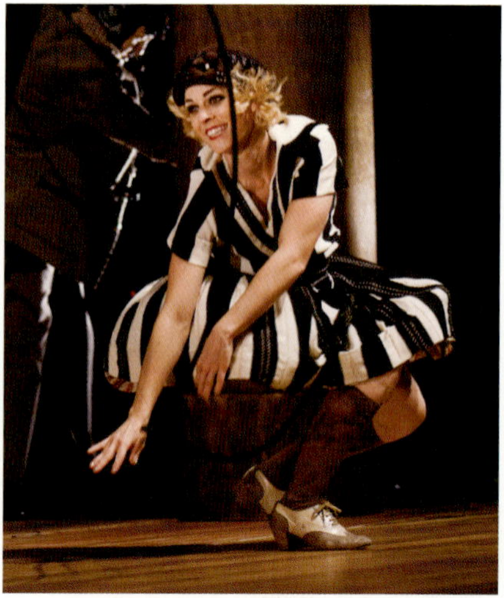
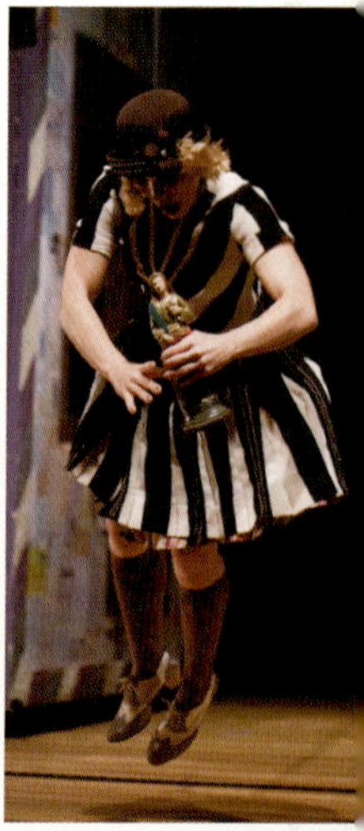
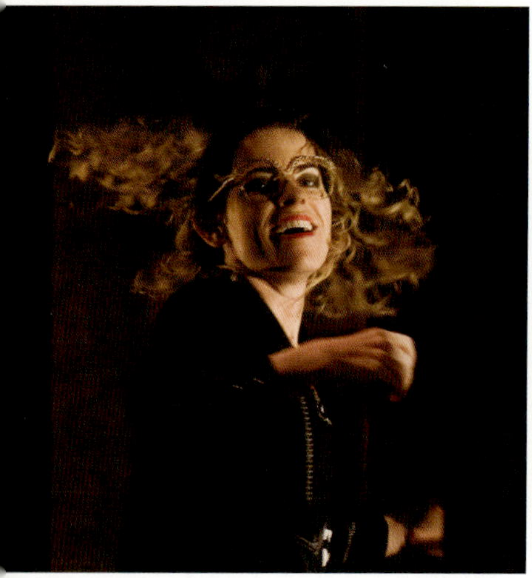
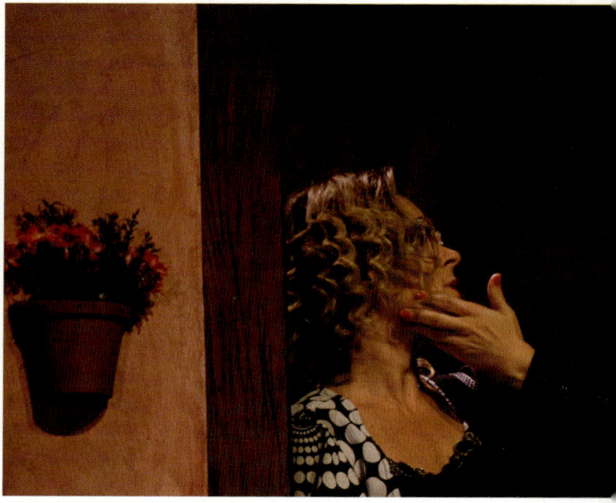

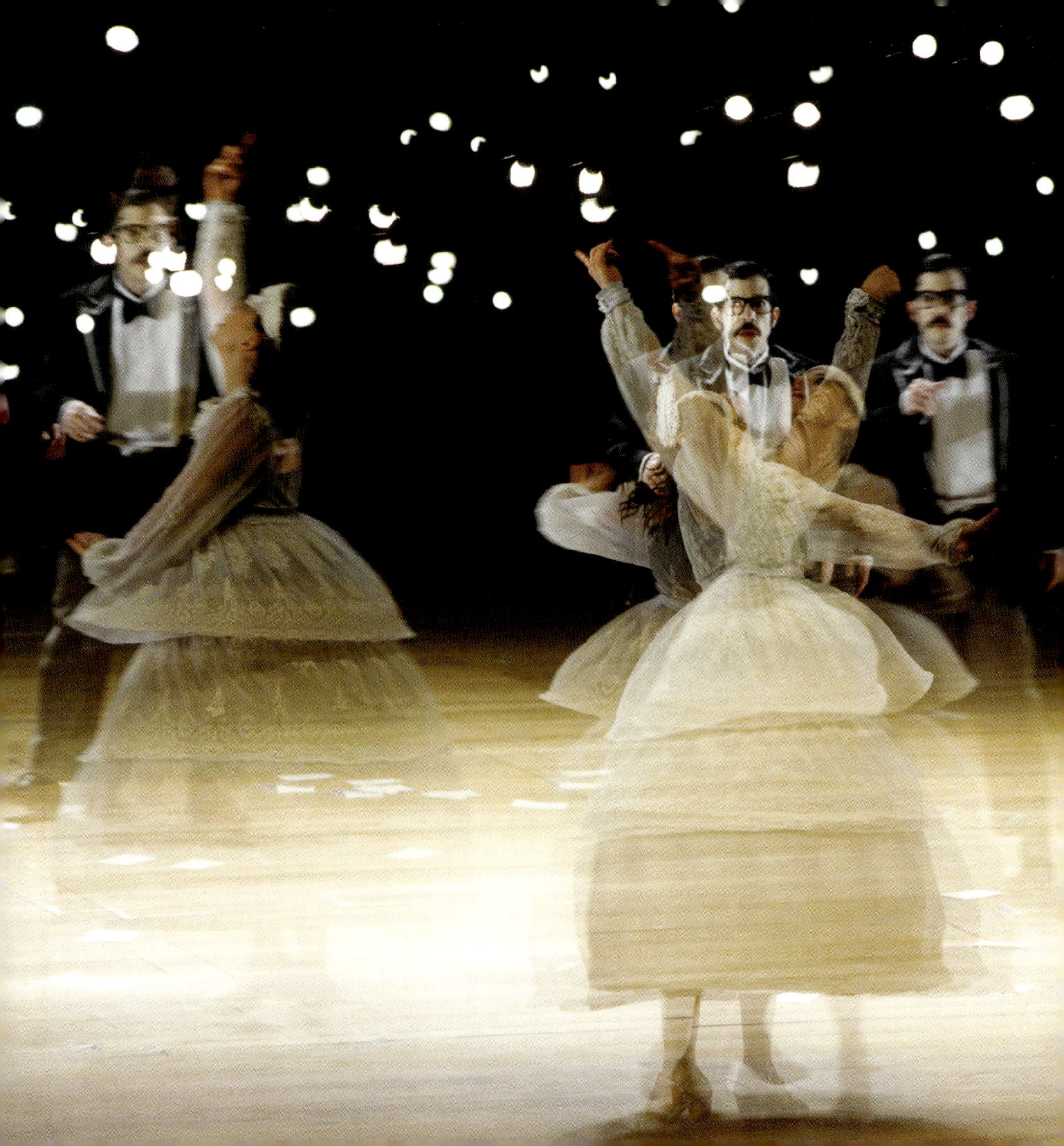

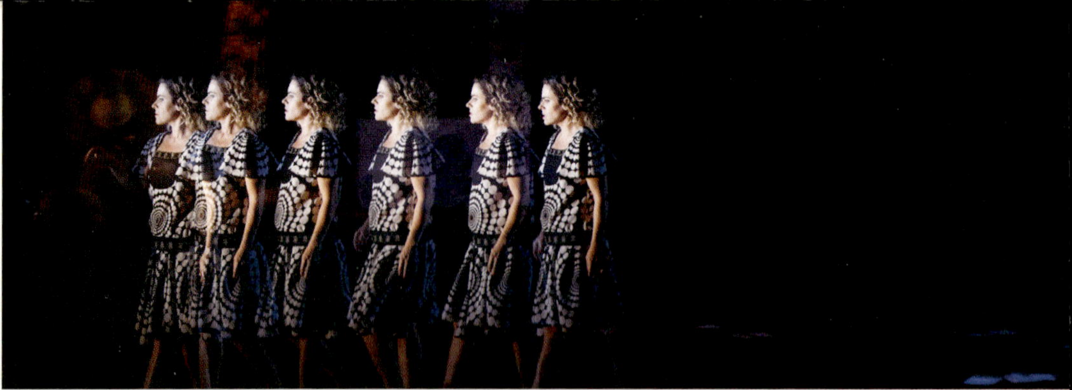
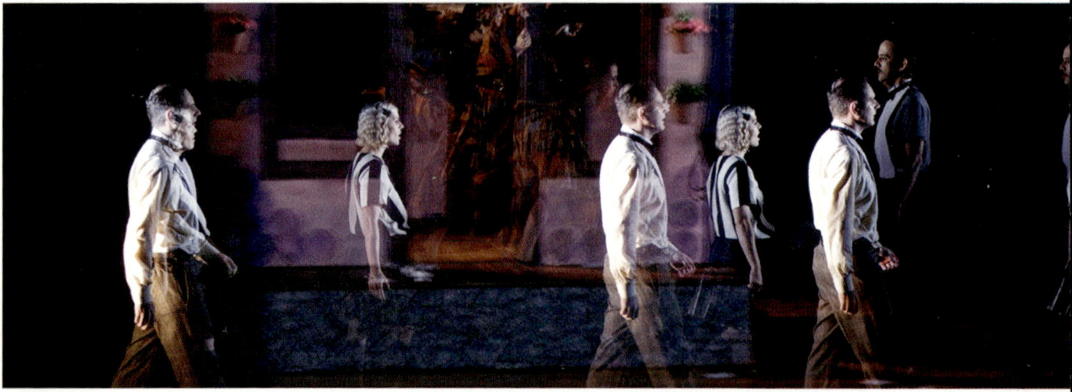
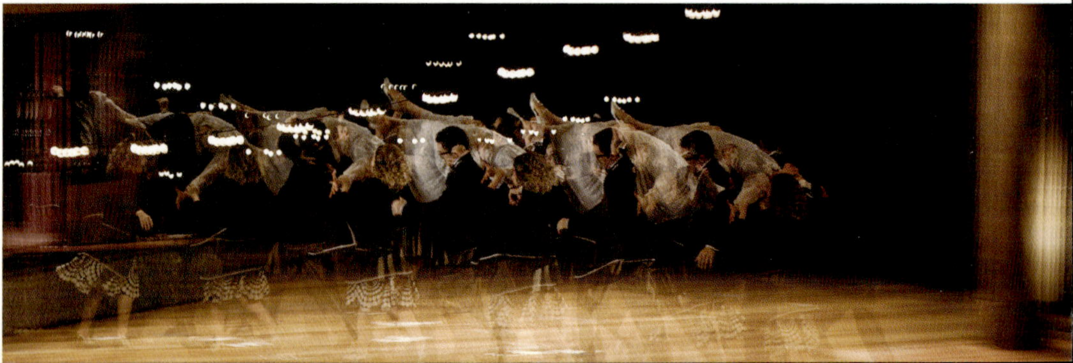

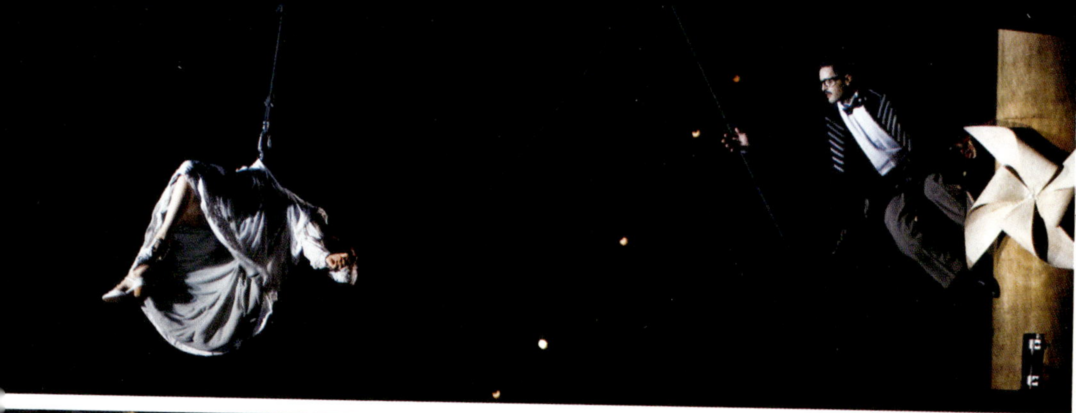

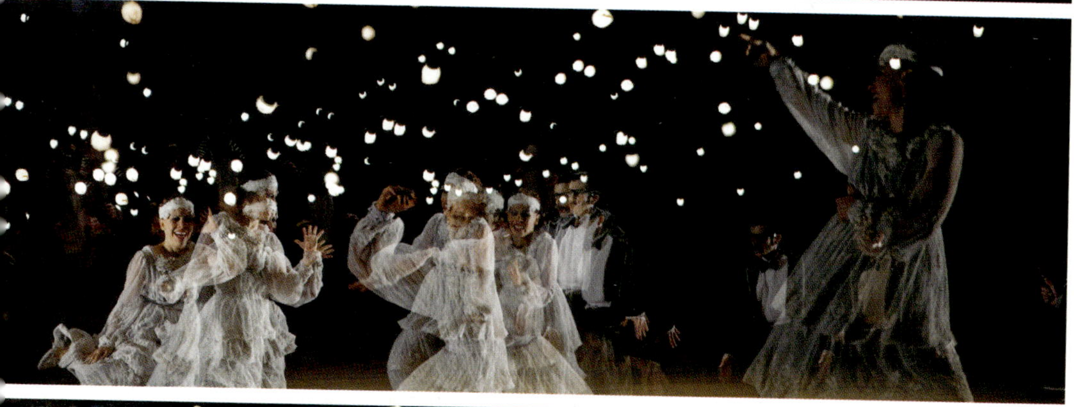

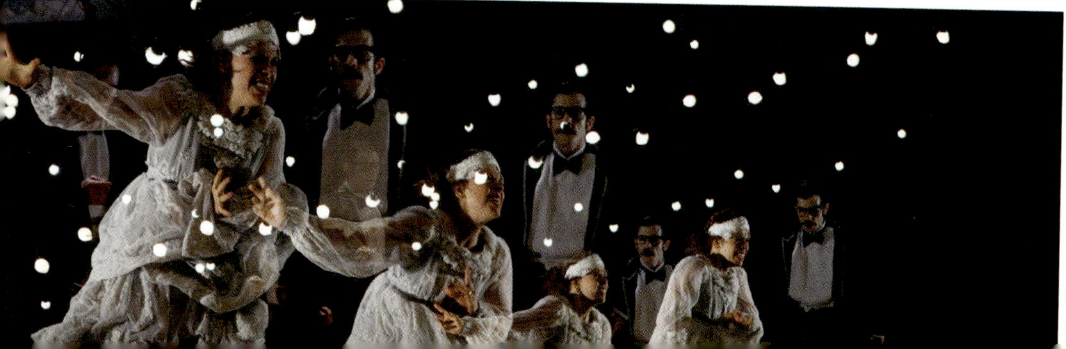

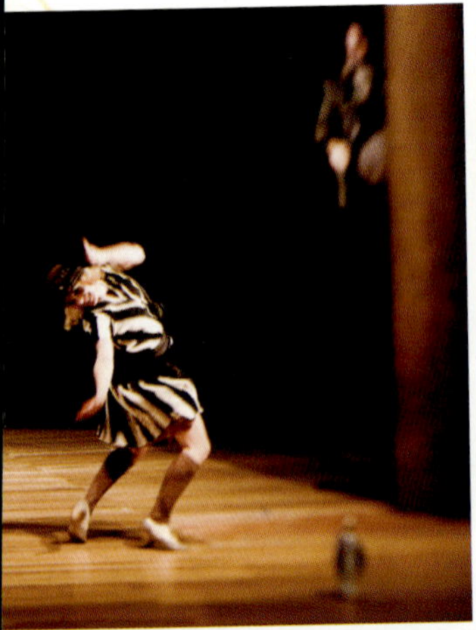
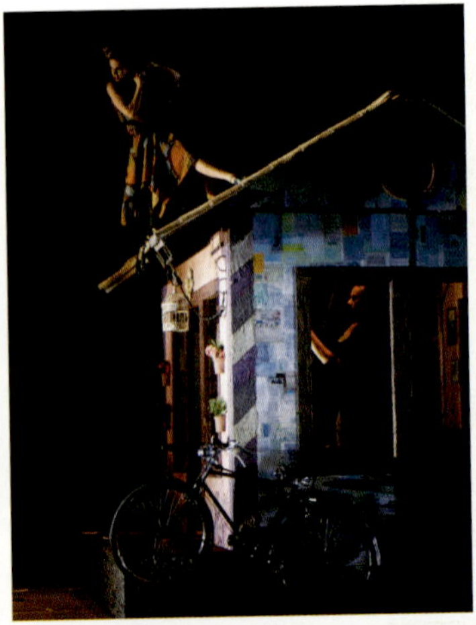
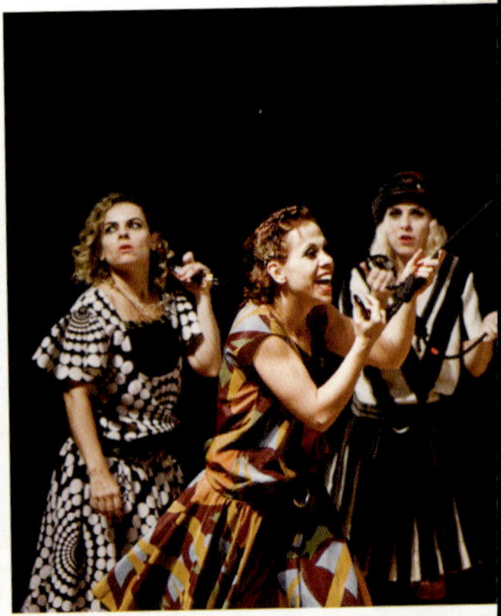
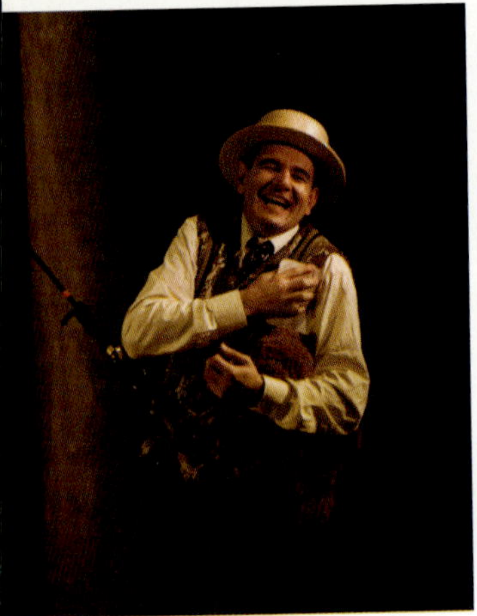
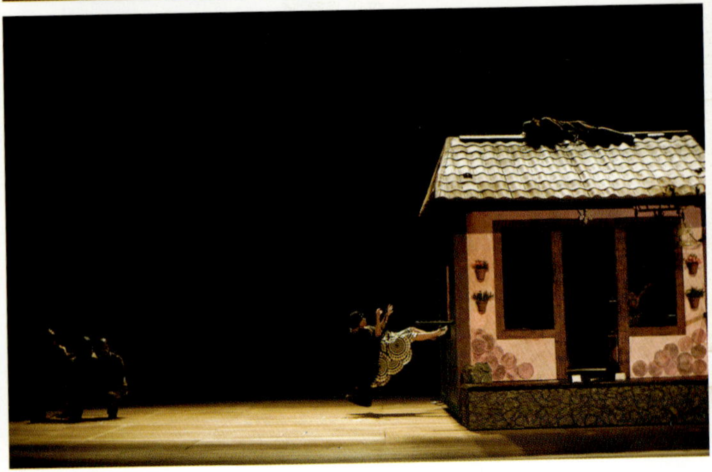

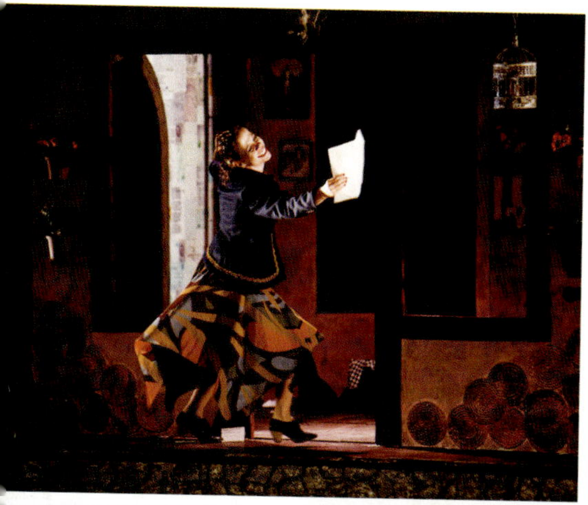
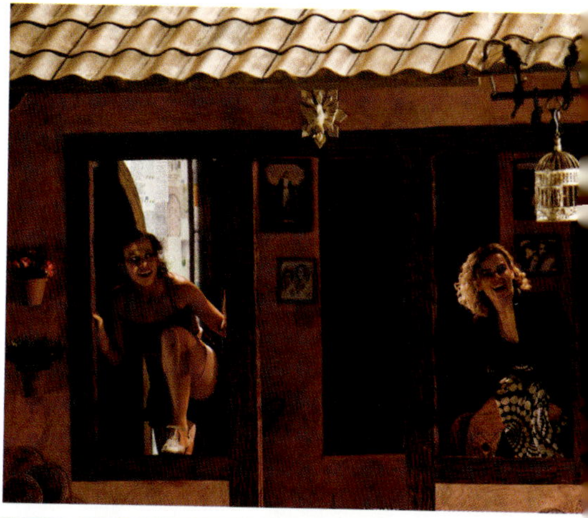
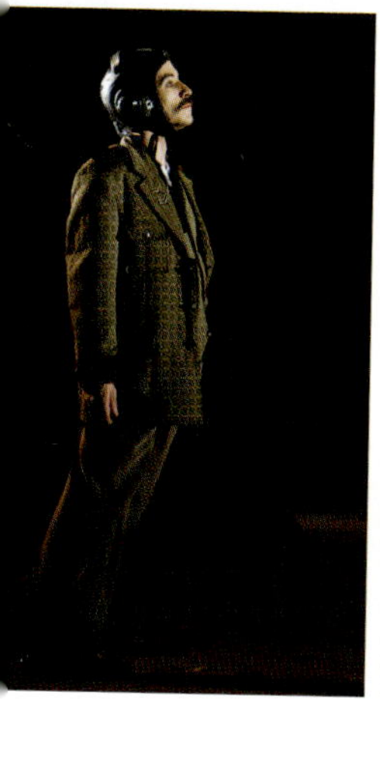
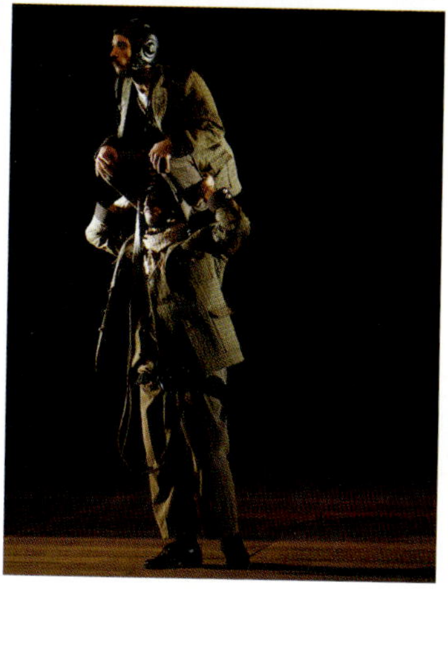
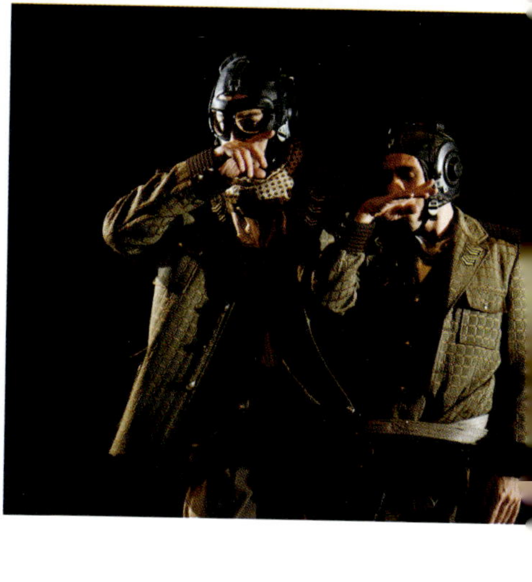

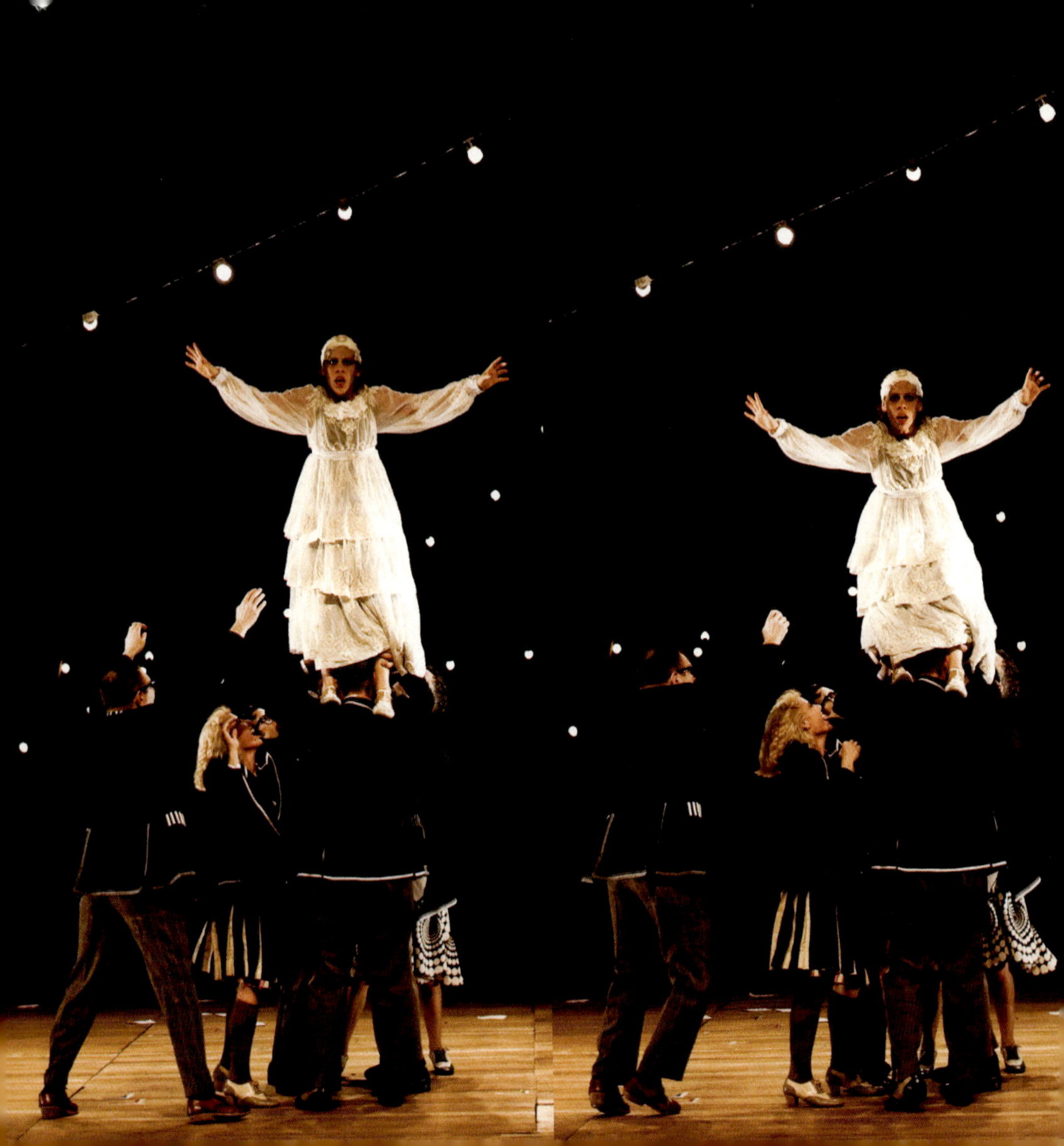

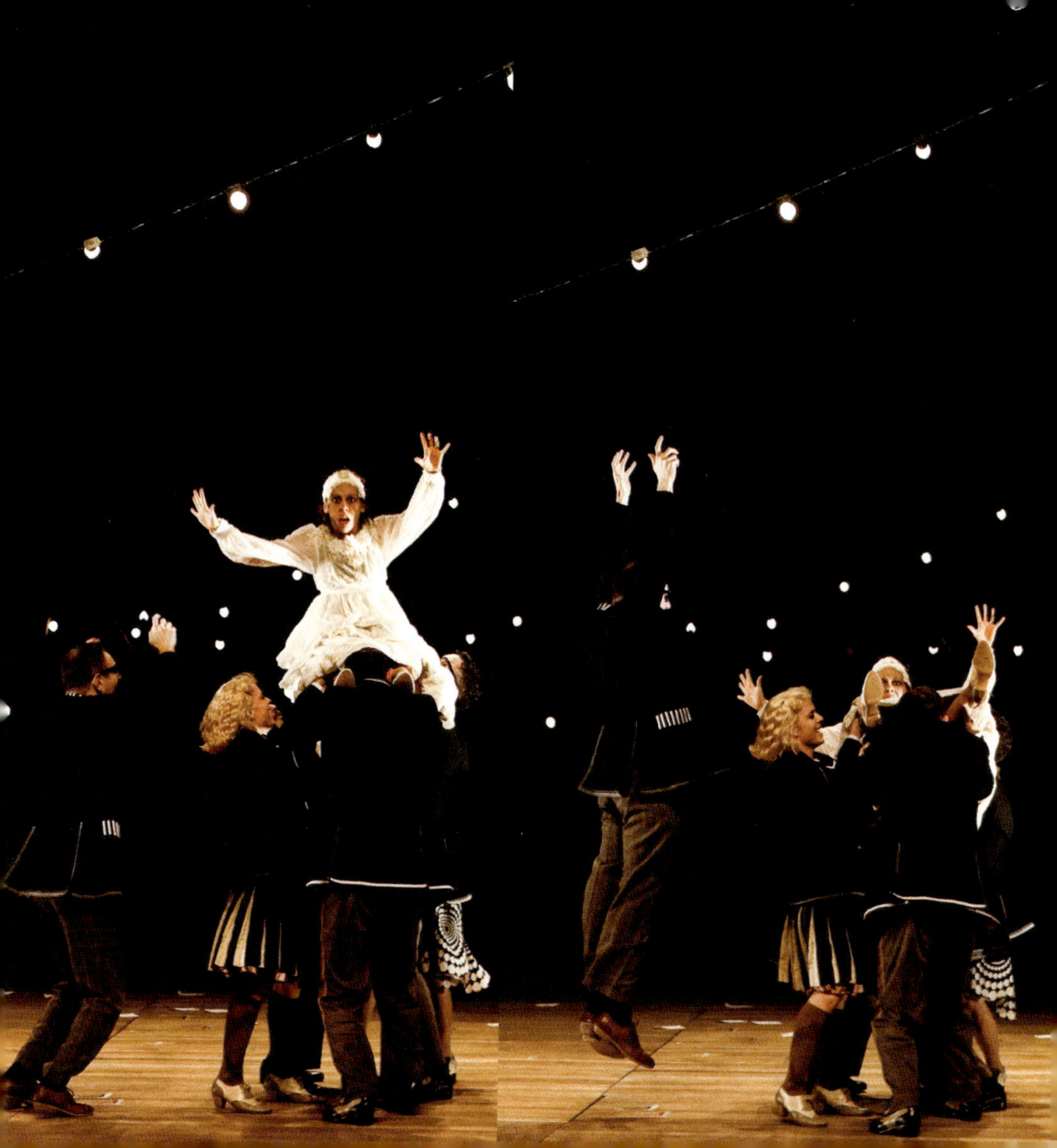

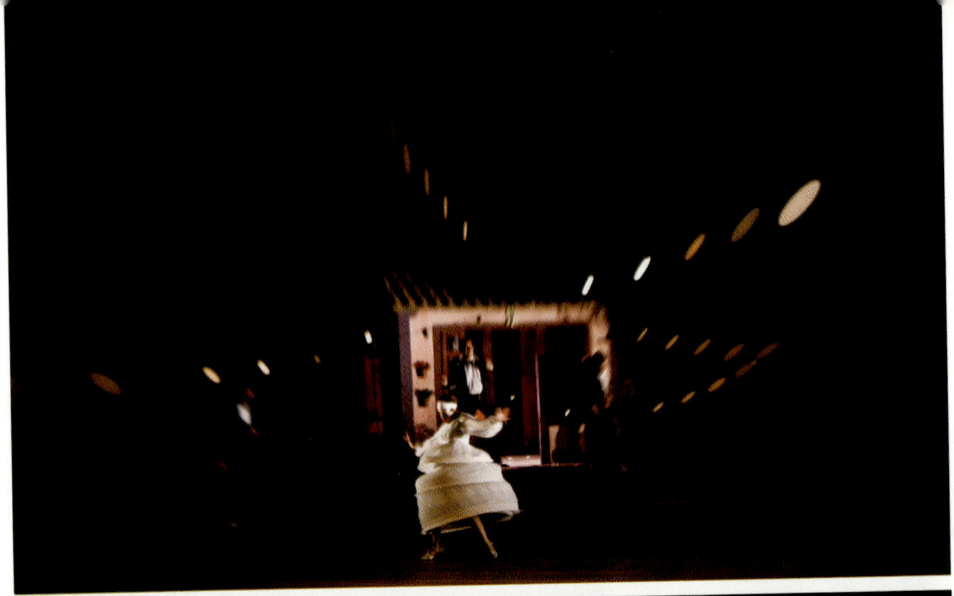

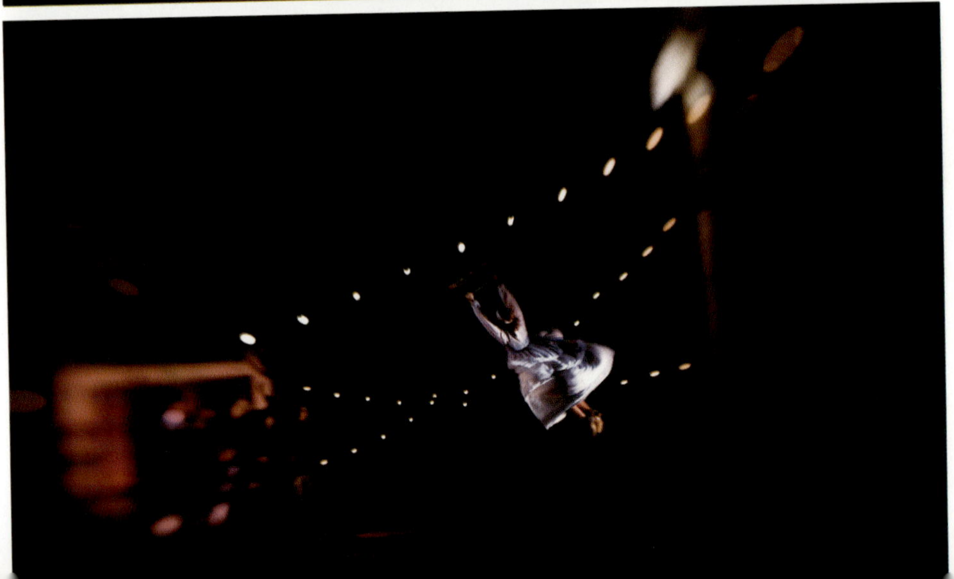

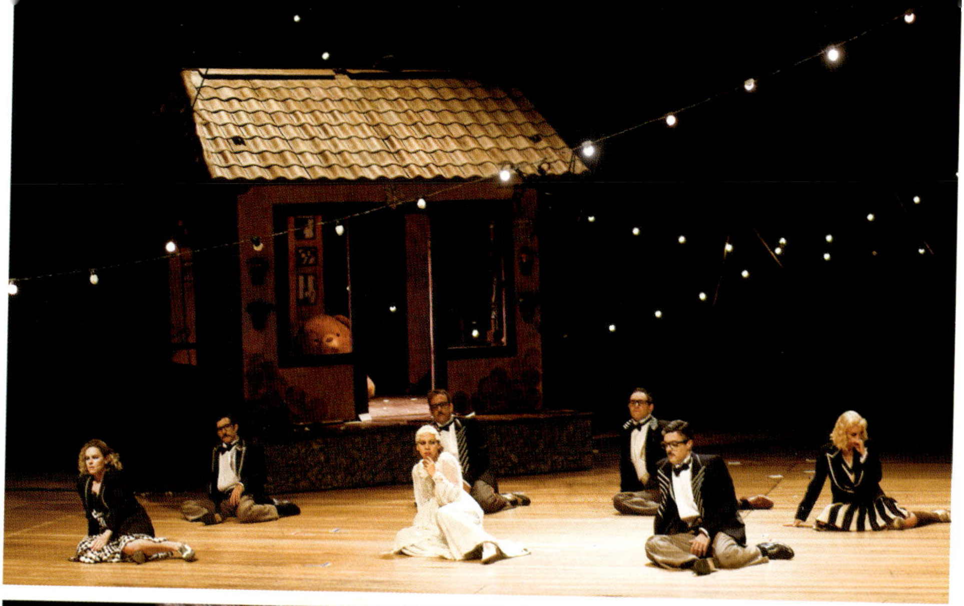

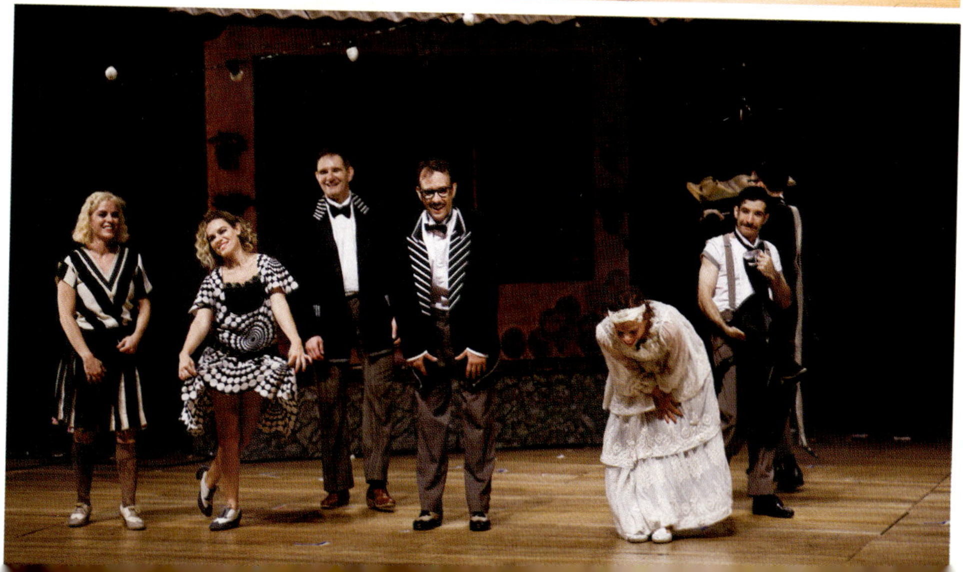

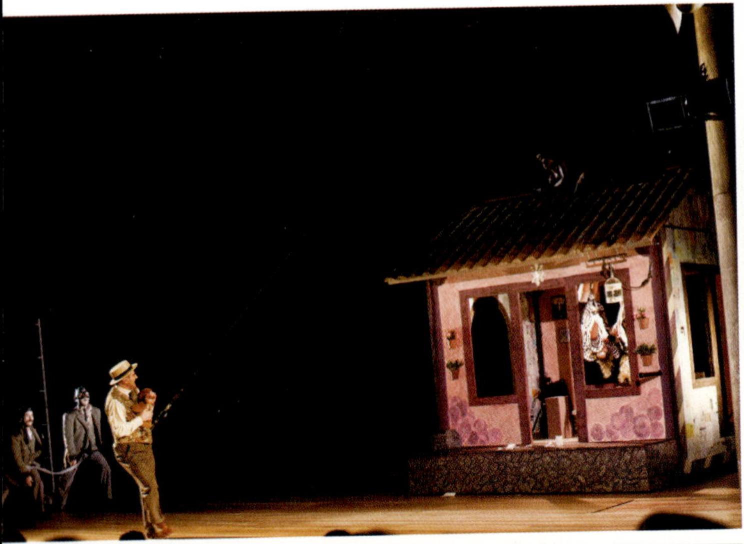
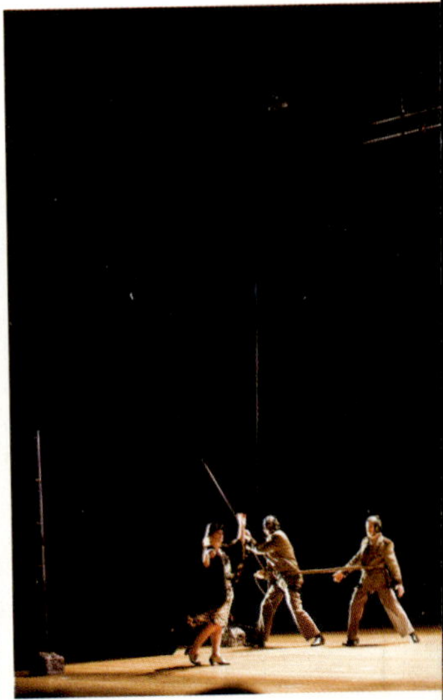

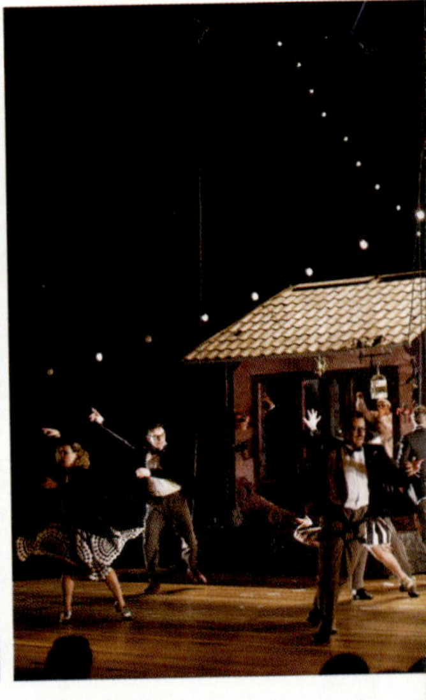

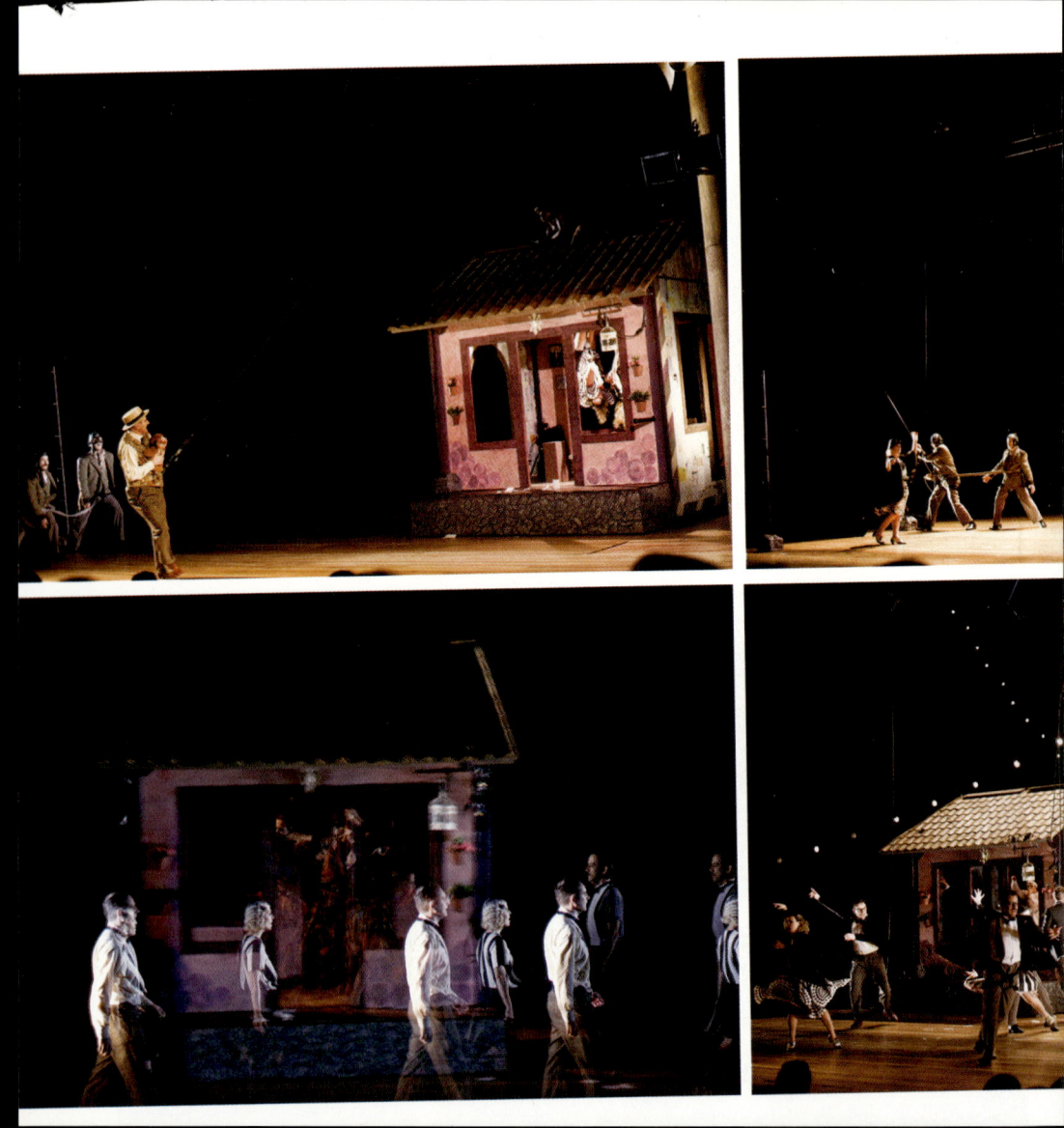

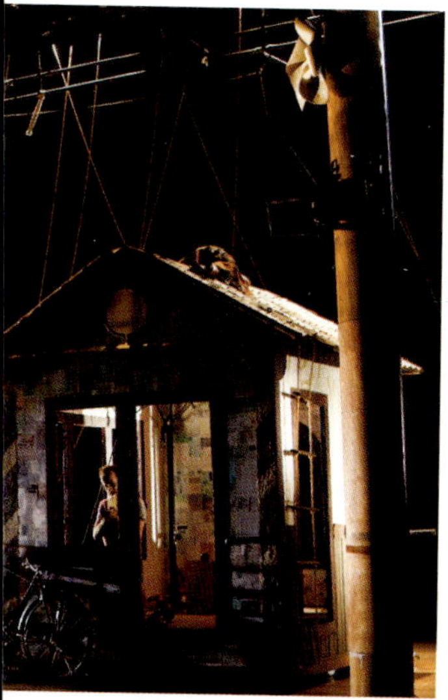
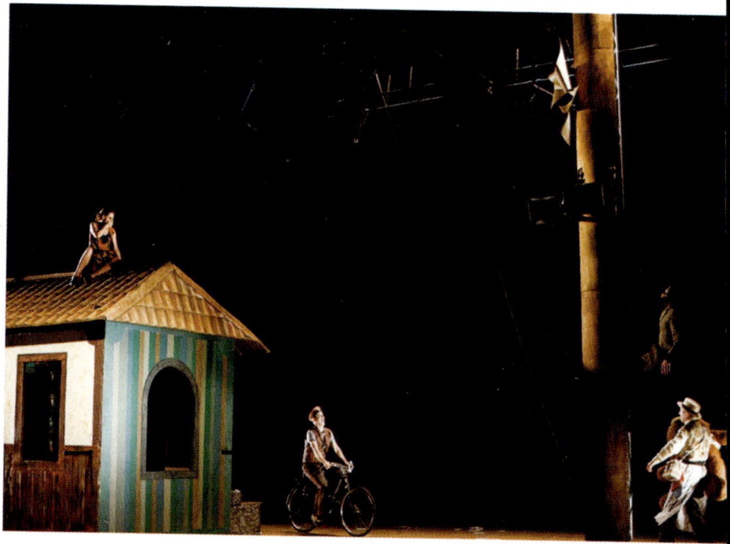
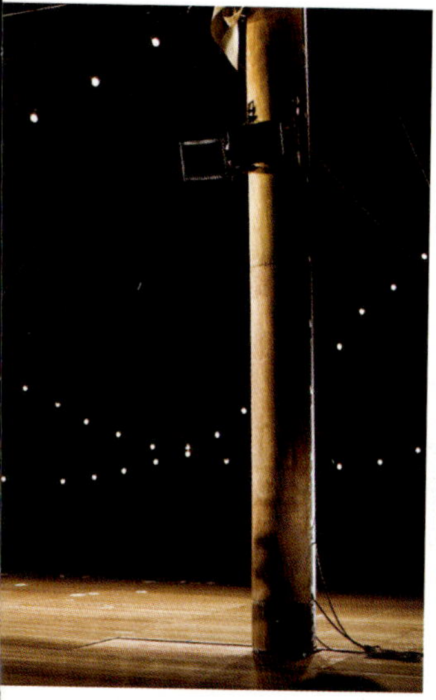
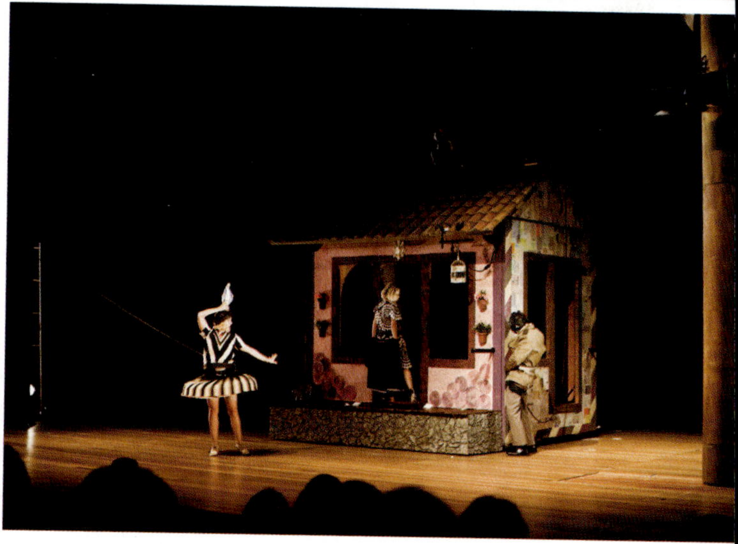

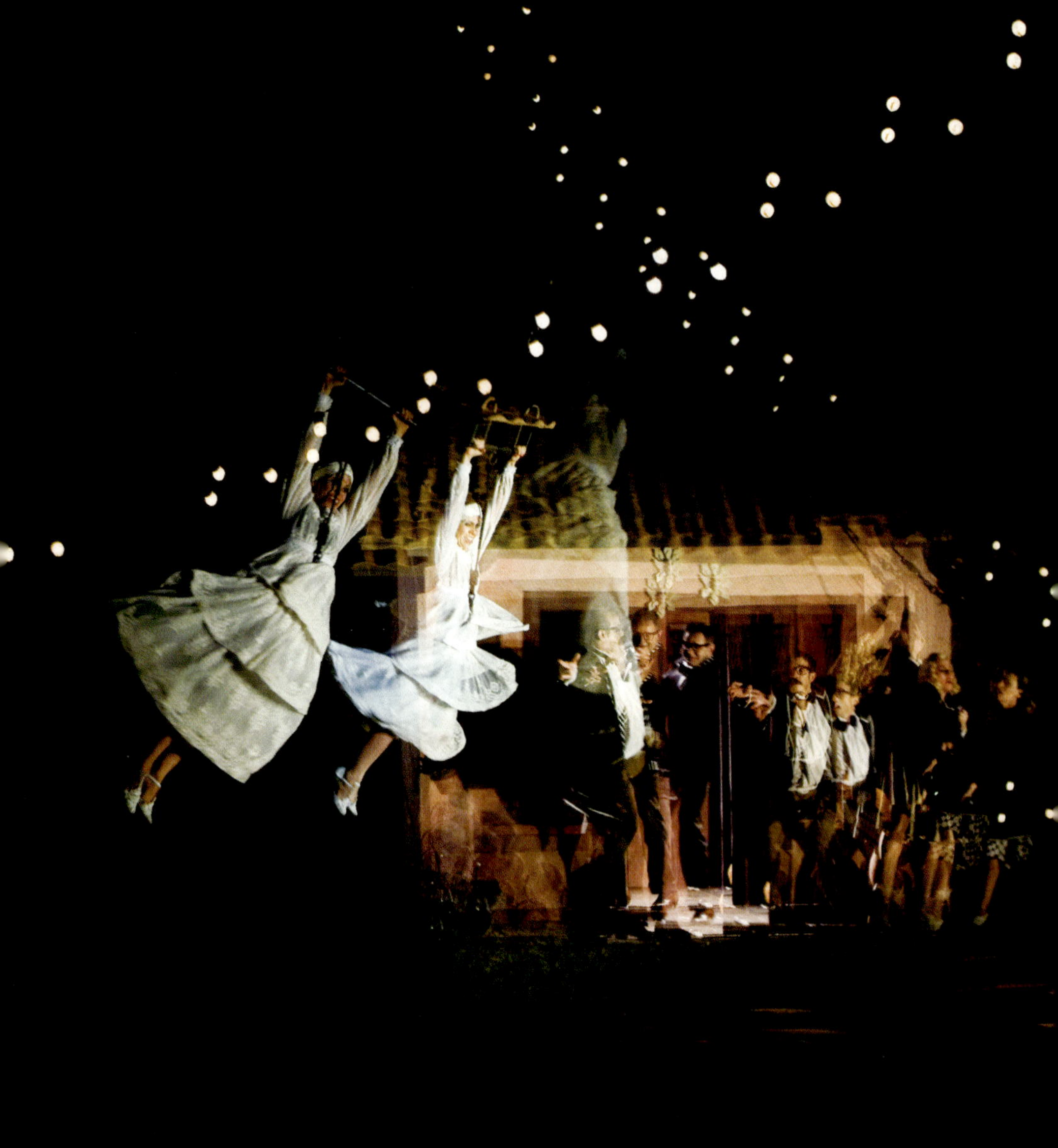

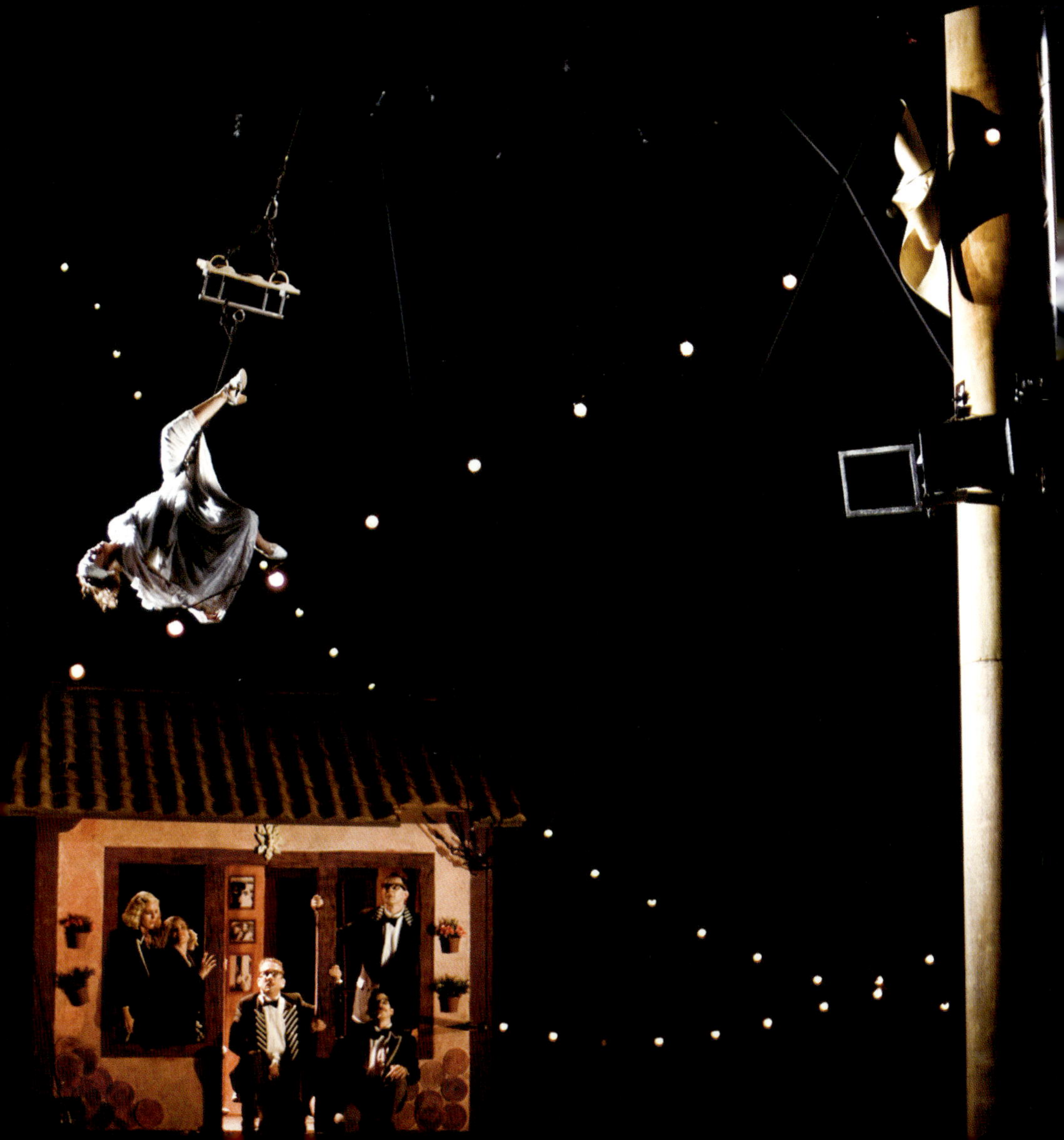

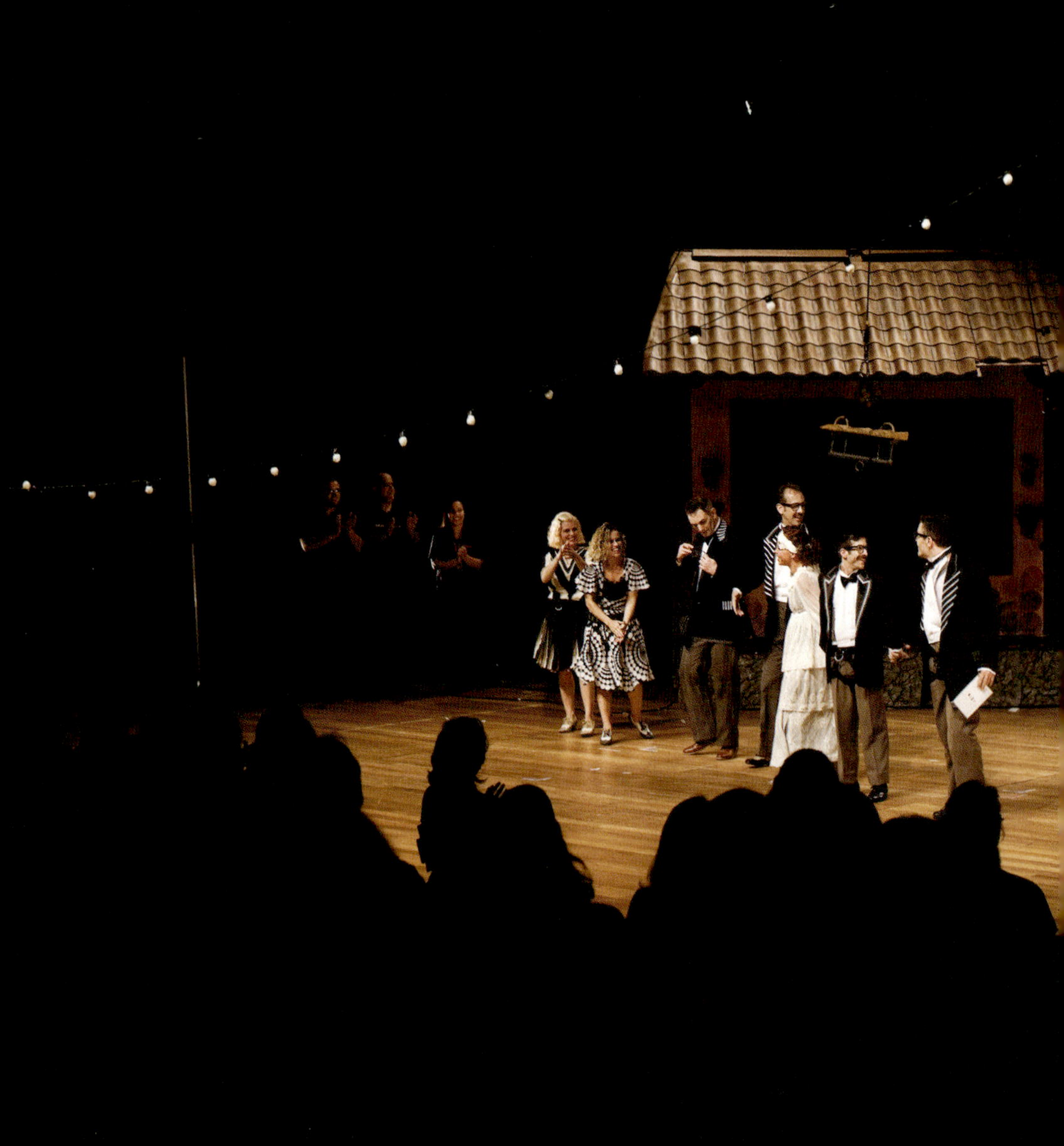